Angst

Bibliografische Information der Deutschen Nationalbibliothek
Die Deutsche Nationalbibliothek verzeichnet diese Publikation in der
Deutschen Nationalbibliografie; detaillierte biografische Daten sind
im Internet über: http://dnb.d-nb.de abrufbar.

Herstellung und Verlag:
BoD – Books on Demand Norderstedt

ISBN: 9783749434459

Inhalt

3

Vorwort

Ich bin in den 60er Jahren in einem Dorf in Niedersachsen groß geworden. Meine Mutter, eine gläubige Christin, hat mir schon früh erklärt, dass der Liebe Gott alles sehen würde. „Mist, was soll das denn?", dachte ich, daran erinnere ich mich noch. Trotzdem bin ich in meinem Bewegungsdrang immer wieder unerlaubterweise früh morgens aus dem Kinderzimmerfenster gekrabbelt und wollte die Welt erkunden, die meine Mutter mir bisher nicht erklärt hatte. Sie hatte auch viel mit dem Haushalt zu tun. „Geh spielen!" So konnte ich der fürsorglichen Kontrolle meiner Mutter entfliehen. Ich bin in einem aufregenden Waldstück groß geworden. Aber dann war da der Liebe Gott, der von mir verlangte, ich sollte nicht lügen, lieb zu meinen Mitmenschen sein, meiner Mutter gehorchen und auf keinen Fall einfach abhauen. Dass der Liebe Gott doch immer weiß wo ich bin, konnte meine Mutter nicht beruhigen und so kriegte ich regelmäßig Ärger. Der Liebe Gott bestrafte meinen Ungehorsam in Form meiner vor Sorgen völlig aus dem Häuschen geratenen Mutter, die mich dann auch schon mal übers Knie legte: Der Liebe Gott sieht alles und meine Mutter kriegt es raus! Mein unbotmäßiger Freiheitsdrang bereitete mir schon als 4-Jährige ein schlechtes Gewissen, jedenfalls wenn meine Mutter mich erwischte. Einen Lieben Gott zu haben, heißt, keine Geheimnisse zu haben und den Regeln zu gehorchen, sonst... ja sonst was? Mama ist böse mit mir und Papa dann abends auch, macht also keinen Sinn. „Reiß dich zusammen, wurde nicht nur zu meiner Devise, es war der entscheidende Satz meiner Erziehung. Dass also das Böse überall lauerte, wurde mir schon früh klar, aber vor allem das Böse in mir. Ich ging zum Kindergottesdienst und regelmäßig zur Kirche, mein Vater war stolzes Mitglied des Kirchenvorstandes für mehr als 30 Jahre, die Kirche und das Niemals-Ausschlafen-Dürfen waren Bestandteil meiner Kindheit. Da ich lutherisch-protestantisch getauft war, wurde einer der Grundpfeiler meiner Existenz natürlich der Fleiß und die Mühsal, die sich zunächst in Haus- und Gartenarbeit erschöpfte und später durch Leistung in der Schule zum Ausdruck kommen musste. Konfirmation, Jugendgottesdienst, Abitur und Familienfeste machten dann langsam ein vollwertiges Mitglied der mich umgebenden Gemeinschaft aus mir. Christ zu sein bedeutete in erster Linie Selbstaufgabe unter den Forderungen der Gemeinschaft. Spaß war da nicht vorgesehen. Und hatte ich Spaß, wusste ich, dass mir das eigentlich gar nicht zustand und die Rechnung würde sicherlich kommen. Wenn alles klappte und es mir zu gut ging, bekam ich ein schlechtes Gewissen. Leben musste anstrengend sein, sonst wäre ich ein nichtsnutziger Egoist, der nur an sich selbst denkt und der Liebe Gott sieht eben alles.

In der Schule der siebziger Jahre beschäftigte ich mich wie alle in meiner Generation mit dem Holocaust und der Schuld der Deutschen. Mit 20 Jahren war ich dann ein junger verantwortungsbewusster Erwachsener, beladen mit einem Ballast von Schuldgefühlen und der ständigen Angst, dass ich zu egoistisch für diese Welt sein könnte. Also strengte ich mich an, den Erwartungen meiner Umwelt möglichst erschöpfend gerecht zu werden. Was ich dabei vergaß, war mich selbst, die fröhlichen und unbelasteten Ausflüge meiner Kindheit in den aufregenden Wald, ohne Schuldgefühle, die Sonne, die Bäume, die Natur im Hier und Jetzt genießen zu können, ohne einen Begriff von Zeit zu haben oder dass ich dem Lieben Gott den Tag stehlen könnte. In den 70er lernte ich dann, wie respektlos und unbekümmert meine Sichtweise war, denn ich hatte nicht gesehen, dass der Wald stirbt. Ich hatte nicht gesehen, dass es Menschen gab, denen es nicht so gut ging wie mir. Kinder verhungerten und die Welt litt unter Kriegen und Zerstörung. Das hatte ich alles nicht gesehen. Ich war beschämt ob meiner kindlichen Sorglosigkeit und hatte wieder ein schlechtes Gewissen. Zum Glück kann der Mensch sich zum Guten ändern und das versuchte ich nun aus vollem Herzen. Ich wollte das Elend der Welt begreifen, zumindest nicht wegsehen. Das Elend der Welt wurde somit zu meinem ständigen Lebensbegleiter, denn es ist nicht einfach, das zu ertragen und es ist Aufgabe eines Christenmenschen, dem Elend der Welt ins Gesicht zu sehen, nicht wegzusehen, wenn andere leiden, selbst wenn diese anderen mich nur durch Fernsehreportagen vom anderen Ende der Welt erreichen. Ich bin verantwortlich, auch wenn ich nichts tun kann. Da war es wieder, das ewige schlechte Gewissen. Und statt weiter unbekümmert mich der Schönheit der Natur und Schöpfung hinzugeben, gruben sich die furchtbaren Bilder von Krieg, Zerstörung und Leid in meine Seele. Es war klar, die Welt steht vor dem Abgrund und wir alle sind verantwortlich. Also was tun? Auf jeden Fall nicht die Schönheit der Welt preisen, das versteht sich von selbst! So marterten wir uns wie schon die Menschen im christlichen Mittelalter, von Angst und Schuldgefühlen zerfressen, gehetzt von der ständigen Frage: Was können wir tun? Da wir nur wenig tun können, Demonstrationsveranstaltungen hin oder her, lastete die Schuld immer schwerer und jeder beäugte den anderen, ob er denn das Leid dieser Welt auch wirklich sehen würde. Glücklich und zufrieden zu sein wurde zum Tabu. Nun, was tut man in so einer Situation: Man steigt ins

Hamsterrad und rennt los, kopflos, nicht denken müssen, Gefühle abschalten und einfach nur noch funktionieren. Funktionierst du gut, bist du ein guter Mensch und alles ist in Ordnung, jedenfalls für die anderen. Aber irgend etwas ist immer, was den anderen nicht gefällt. Und da man sich ja bereits als Person völlig aufgelöst hat in den Anforderungen von außen, wird jede weitere Kritik existentiell, da ja viel persönliche Substanz nicht mehr vorhanden ist. Aber dafür kennt dann die Gesellschaft Abhilfe. Man gibt ihnen Spiel, Spaß und Spannung in Form von Gladiatorenspielen oder Hexenverbrennungen oder wenn das alles nichts hilft, geht's eben in den Krieg. Dann kommt das leidgeprüfte Individuum auch mal raus, und das Gemeinschaftsgefühl, vorher nicht vorhanden, wird besonders in Schützengräben gepriesen. Also Fernsehen, Event, Konsum, Besitz und alles was einem das Gefühl gibt, dazuzugehören, haben schon immer geholfen. Gott sei Dank gibt es heute Fußball, Megakonzerte- und Partys und Shopping und natürlich die virtuelle Wunschwelt. Damit hält man auch wieder das System aufrecht. Also alles ist gut, was will man mehr und dem Leid der Welt und der Menschheit wenden wir uns turnusmäßig und ritualisiert als Gutmenschen zu. Auch das unterstützt das System, denn was sollte man um Gottes Willen noch alles tun müssen. Bleiben wir also im Hamsterrad, denn ein rotierendes Hamsterrad verlassen zu wollen ist nicht einfach und keiner weiß, was außerhalb ist. Auch wenn wir inzwischen wissen, dass die Erde sich um die Sonne dreht und zwar in Ellipsen, können wir bis heute nicht voraussagen, was passiert, wenn wir aus dem Hamsterrad springen. Sterben wir, taumelt das Hamsterrad oder läuft es einfach weiter ohne uns?? Oder erkennen wir erst dann, dass es nur ein blödes

Hamsterrad war, kippen es einfach um und gehen endlich aufrecht durch den Rest der wahren Welt.

Kontakt Email: avanos@gmx.de

Angst, die alles bestimmende Kraft

Wie ist es nun dazu gekommen, dass der zivilisierte Mensch bis auf wenige Augenblicke das Gefühl hat, nicht Teil dieser Welt zu sein, sozusagen ein Alien, sich durch das Leben mühen zu müssen und die Zerstörung und das Leid für ihn kaum auszuhalten ist, nur in Drogen und Ekstase erträglich. Ist die Welt nicht eigentlich schön und perfekt, so wie sie ist? Gab es mal Menschen ohne Depressionen, die sich des Lebens freuten und jeden Tag voller Dankbarkeit die Welt und alles um sie herum priesen?

Unbestimmte Schuld- und Angstgefühle werden nicht durch gefährliche Situationen erzeugt. Bin ich in akuter Gefahr, weiß mein Instinkt und Unterbewusstsein sehr genau, was zu tun ist. Es wird getan, und wenn man überlebt, ist die Angst vorbei und es gibt kein Schuldgefühl, eher ein Glücksgefühl. Angst und Schuld ist das Zepter der Machtgierigen. Sie dirigieren die Menschen wie Marionetten damit und das hat seinen Sinn, jedenfalls für diejenigen Psychopathen, denen ein ruhiges zufriedenes Leben nicht genug ist. Macht ist immer dunkel und bedient sich der kompletten Klaviatur des Sadismus, denn andere sind in ihren Augen nur Masse, die bewegt werden will. So wie ein Technikfreak jede Schraube einer Maschine so verändert und fixiert, damit die Maschine so läuft wie er will, so missbrauchen und benutzen die Machtgierigen die Gefühle und das Seelenleben der zu manipulierenden Massen, um eben die Maschine, die sie sich ausgedacht haben, zum Laufen zu bringen. Womit kann man Menschen mehr manipulieren als mit Angst und Schuld. Da aber auch der Machtgierige nur ein Mensch ist, muss eben etwas

Höheres her, was überzeugend auf die Masse wirkt: eine Gewalt höher als der Mensch, nicht begreifbar für den kleinen Geist, aber mit einer unschlagbaren Wirkungskraft: eine Ideologie oder eben ein Gott.

Denken wir darüber nach, dann muss dieser Gott recht böse sein und jede seelenlose Ideologie natürlich auch. Gott oder Ideologie haben offensichtlich wenig Erbarmen mit den Menschen und nur stumpfsinniger Gehorsam hält diese bei Laune. Vermittler zu allem Höheren ist dann eben derjenige, der sich sowieso zur Masse der Menschen nicht dazugehörig fühlt, im letzten Jahrhundert ein Stalin oder Hitler und in den Jahrhunderten davor der Priester oder der König, quasi ein Halbgott, halb Mensch, halb Gott, also ein Psychopath. Und der weiß, dass Angst und Schuld seine Schäfchen formbar wie weiche Butter in seinen Händen und krankem Gehirn werden lässt. Finanzgurus machen sich bis heute darüber lustig. Aber heute hat man nicht nur Angst vor Krankheit, Tod und Ausgrenzung, heute hat man panische Angst, seinen angehäuften Besitz zu verlieren und wird damit zum Spielball des real existierenden Kapitalismus.

Das Ende der Toleranz

Und hiermit möchte ich zurückgehen in eine Zeit, als alles anfing, oder besser als das Ende begann: Das kann man eigentlich ziemlich genau datieren: Es war genau 381 nach Christus, das erste kirchliche Dogma wurde festgelegt. Im Gegensatz zu allen Zeiten davor wurde ein ziemlich komplizierter Gott manifestiert, der nun der einzige weltweit sein sollte und jeder, der an diesen sehr spezifischen Gott von Vater, Sohn und Heiliger Geist,

10

nicht ehrlich und wahrhaftig glauben konnte, war des Todes, wurde bekämpft, musste um sein Leben fürchten und in den Untergrund gehen. Das war absolut neu in der Weltgeschichte. Götter hatte es schon immer gegeben, aber eben Götter, nicht nur einen. Das einzige Volk, das an einen einzigen mächtigen Gott als Schöpfer und Richter bis dahin glaubte, waren die Juden. Diese aber fühlten sich von ihrem einzigen, ganz besonderen Gott auserwählt und waren mitnichten der Meinung, dass alle Menschen diesem Gott huldigen sollten. Im Gegenteil sollten nur Juden Jahwe als Gott anbeten. Darin waren sie allerdings unerbittlich und auch nicht bereit aus Staatsräson zum Beispiel den römischen Göttern Ehrerbietung zu zeugen. Das machte das Volk der Juden, als das die Römer dieses sahen nicht wegen ihrer Religion, sondern wegen ihrer Volkszugehörigkeit, zu einem Spezialfall im Römischen Imperium. Juden brauchten weder den römischen Göttern huldigen noch als einzige im Römischen Reich Kriegsdienst leisten und man erlaubte ihnen eine eigene Justiz! Den Römern war es allerdings egal, was ihre Untertanen glaubten. So wie sie blank den griechischen Götterhimmel übernommen hatten, so tolerierten sie jeden anderen Gott auch. Was die Römer nicht leiden konnten, war Rebellion. So wurde Jesus nicht gekreuzigt, weil er an einen anderen Gott glaubte, sondern weil er sich König der Juden genannt haben soll, also politische Rebellion und dafür wurde er wie alle Rebellen ans Holz genagelt. Ein Kreuz wurde erst im Christentum daraus. Die Juden waren zu der Zeit die einzigen Monotheisten der Welt, den hatten sie aus Ägypten von Pharao Echnaton mitgebracht, wie man vermutet, wenn man den Exodus der Israeliten für wahr voraussetzt. Ansonsten glaubten bis auf das eigensinnige Volk der Juden alle Menschen an viele Götter. Jede

Region, jede Situation hatte seinen besonderen Gott für Fürsprache. Und Usurpatoren übernahmen oder zumindest tolerierten die ansässigen Götter der Besiegten, erstens damit Ruhe im Land herrschte und zweitens, weil man nie sicher sein konnte, welcher Gott den besseren Draht zum Universum hatte. Und dann war die Welt eben vielfältig, vielschichtig, bunt und kein Einheitsbrei, auf das nur ein einziger Gott passen würde. Es gab private und allgemeine, eigene und fremde Götter. Und es gab Götter, die ganz besondere Verehrung von allen erfuhren, da diese die Verbindung zur Welt hinter der wahrnehmbaren und begreifbaren Welt aufbauen konnten. Sie hielt man verantwortlich für das Leben und den Tod, für die Jahreszeiten, die Geburt, die Sonne und den Mond. Die Römer, so grausam sie ihre Untertanen erpressten und unterdrückten, waren religiös tolerant und ließen sich gern beraten. Sie hielten nicht nur die griechischen Götter für anbetungswürdig, sie verehrten die ägyptische Isis wie die Ägypter selbst und der aus Persien stammende Mithraskult erfreute sich großer Beliebtheit bei den römischen Soldaten. Im Römischen Reich dienten Menschen aller Couleur und jeder Religion im Militär oder waren römische Bürger. Nur eins verlangten die Römer, dass ihre Untertanen unabhängig von ihren eigenen Göttern dem römischen Cäsar und seinem Staatskult die Ehre erwiesen. Nur die Juden waren davon ausgenommen.

„Gibt des Kaisers, was des Kaisers ist" war nicht nur ein Jesus-Wort, sondern gängige verordnete Unterwerfung unter die Staatsmacht. Christliche Märtyrer starben nicht, weil sie an Jesus glaubten, sondern weil sie dem römischen Kaiser die Ehrerbietung verweigerten, ja den gesamten römischen Götterhimmel sogar verhöhnten und bekämpften, weil es für sie und für alle eben nur den einen Gott geben durfte. Nicht die Römer waren religiös intolerant, sondern die Christen. Das war für die Römer Untergrabung ihrer Autorität und Verletzung der Staatsräson und Christen wurden als Staatsfeinde hingerichtet. In Deutschland gehört das Verbot der Swastika, ursprünglich ein Glückssymbol, zur Staatsräson und Menschen, die es in der Öffentlichkeit zur Schau stellen, werden dafür bestraft. So wie das Hakenkreuz heute in Deutschland ein eindeutiges politisches Statement ist, das nicht toleriert werden darf, so wurde die Selbstbezeichnung „Christ" als deutliches politisches Bekenntnis gegen den Römischen Staat gedeutet.

Dass aber außer dem Kaisergott oder dem Gott des Kaisers keine anderen Götter mehr geduldet wurden, war erstmalig ein Kunststück der christlichen Reichskirche im 4. Jahrhundert: Ein Gott, ein Kaiser, ein Reich! Dieses ist also das Ende der Toleranz und es sollte noch schlimmer kommen, wie wir wissen.

Was war also geschehen? Was glaubten die Menschen vor Jesus und was hat Jesus verändert?

Sind die Evangelien tatsächlich die sogenannte Frohe Botschaft oder die ideologische Basis eines klein-karierten, machtlüsternen und intoleranten Kirchen-betriebes, der fast durchweg bösartige Wahnsinnige auf den Petrusthron setzten sollte.

Jesus, eine Legende

Angefangen hat nicht alles mit Jesus, denn der ist historisch nicht zu fassen. Trotz seines Wirkens, seines Todes am Kreuz, seiner Rebellion gegen den jüdischen

Klerus und seiner umwälzenden Ideen von einer besseren Welt hat ihn zu Lebzeiten scheinbar niemand beachtet. Seine Geburt, sein Leben, seine Abstammung und sogar sein Tod am Kreuz sind selbst von den penibelsten Zeitzeugen, die sonst jedes Detail aufschrieben, nicht erwähnt worden. Sein spektakulärer Auftritt im Tempel, den er verwüstet haben soll, fand bei der jüdischen Priesterschaft, die sonst alles vermerkte, keine Erwähnung. Der römisch-jüdische Historiker Flavius Josephus war fast Zeitzeuge von Jesus und vor Ort in diesen unruhigen Zeiten. Er schreibt über andere jüdische Rebellen zur Zeit Jesu, über Judas von Galiläa, über Johannes den Täufer, aber kein Wort über Jesus. Der erste, der über Jesus schreibt, ist Paulus, der ihn allerdings nicht gekannt hat und auch die Person Jesus nicht zum Inhalt seiner Briefe macht, sondern die Idee hinter diesem Jesus von Nazareth.

Gab es diesen Jesus überhaupt? 80 Evangelien können nicht lügen. Nach dem Fund von Nag Hammadi in der ägyptischen Wüste 1945 weiß man, dass es nicht nur 4 Evangelien gab. Man schätzt die Anzahl der Evangelien heute auf bis zu 80! Allerdings sind keine Schriften aus der Zeit Jesu bisher gefunden worden. Statt dessen Abschriften von Abschriften aus viel späteren Zeiten. Auch wenn man heute davon ausgeht, dass der sogenannte Evangelist Matthäus in seinen sogenannten „Q-Listen", die allerdings verloren gingen, zeitnah Jesu Leben und Wirken beschrieb. Das Markus Evangelium wird für das älteste gehalten. Markus, den keiner kennt, scheint zurzeit Jesus in Galiläa gewesen zu sein. Dieses erkennt man aus seiner Art zu schreiben und der besonderen Kenntnisse der Sprache und Umgebung Galiläas, wissen tut man das jedoch nicht. Die anderen Evangelisten schreiben von einander ab, wobei Markus sich auf die Q-Schriften des Matthäus bezog. Dieses weiß man, weil man ein Fragment des ursprünglichen Matthäus Evangeliums in Qumran am Toten Meer gefunden hat. Lukas ist hellenistisch geprägt und wohnte wahrscheinlich in Griechenland, Johannes in Kleinasien, auch hellenistisch geprägt und damit weit entfernt von den Wurzeln des Jesus, auch zeitlich. Man geht davon aus, dass diese Evangelien weit nach der Zerstörung des Tempels durch die Römer geschrieben wurden, also nach 70 nach Christus. Mit der Zerstörung des Tempels durch die Römer und der Niederschlagung der letzten jüdischen Rebellion auf Massada endet die Existenz einer jüdischen Volksgemeinschaft. Die meisten wurden getötet, versklavt oder in die Diaspora getrieben. Zehntausende von Juden sollen die Römer ans Kreuz geschlagen haben. Dieses kam einem Völkermord gleich. Den Schlusstrich unter jüdisches Leben in Jüdäa bildet die Niederschlagung des Bar Kochbar Aufstandes 135 n.Chr. Diese beiden Daten sind historisch ein Wendepunkt und müssen als Hintergrund oder auch Beweggrund der Evangelien verstanden werden.

Die Evangelien sind keine historischen Aufzeichnungen, sondern wollen die Menschen zum Umdenken bewegen. Sie haben eine Mission, die durch blumig ausgedachte Geschichten vermittelt werden soll. Die Zeit schien nach der Zerschlagung des jüdischen Volkes für gekommen. Das von Jesus und Johannes dem Täufer angekündigte Weltende, die Apokalypse, die Offenbarung, hatte nicht stattgefunden und das jüdische Volk war von Gott nicht errettet worden. Ein letzter großer mahnender Appell, dass das fürchterliche Reich der Römer dem Untergang geweiht ist und ein neues glückliches Zeitalter antreten werde, sofern die Menschen sich besinnen, versuchte Johannes in seiner Johannes Offenbarung unter die Leute zu bringen, chiffriert, denn er fürchtete die Rache der Römer.

Die Jahre zogen ins Land und die Römer waren immer noch die Mächtigen der Welt, kein verheißenes neues Weltreich schien in Sicht. In dieser Atmosphäre schrieben sich unzählige Evangelisten die Finger wund. Evangelium ist ein römischer Begriff und bedeutet `Gute Botschaft´, aber nur auf den römischen Kaiser bezogen. Über Jesus ein Evangelium zu schreiben, war geradezu anmaßend und blasphemisch, insbesondere, da dieser Jesus ein Niemand und den schändlichsten aller Tode am Holz gestorben war, wahrscheinlich anschließend im Massengrab unbekannt verscharrt. Auch bei allen Bemühungen der Evangelisten, seine Vita zu rekonstruieren, ist historisch gesehen fast nichts von dieser Persönlichkeit bekannt. Markus als erster Evangelist und mit örtlichen Kenntnissen erwähnt, dass Jesus Sohn der Maria war. Das ist bemerkenswert, denn ein Sohn wurde im jüdischen Patriotismus nie im Zusammenhang mit seiner Mutter erwähnt, sondern seine väterliche Abstammung war entscheidend. Das versuchten Matthäus und Lukas dann spektakulär zu korrigieren, in dem sie Maria einen Joseph beiseite stellten, der im Zuge einer Volkszählung von den Römern gezwungen worden sein soll, aus seiner Stadt Nazareth nach Bethlehem zu wandern, „auf dass er aus dem Hause Davids kam!". Aha, Jesus kam also nicht aus dem Hause Davids, sondern erhielt erst durch diese obskure Geschichte mit Bethlehem die Weihe, aus dem Königsgeschlecht des Davids abzustammen. Das war auch von ungeheurer Wichtigkeit, denn ein Niemand ohne väterlichen Stammbaum, nur von einer Maria unehelich in die Welt gesetzt, widersprach allen moralischen und ethischen Ansprüchen dieser Zeit. Der

Talmud erwähnt in diesem Zusammenhang eher verächtlich, dass der sogenannte Gesalbte offensichtlich wohl von einem Zimmermann und einer Hure abstamme, lächerlich, einfach undenkbar! Ob es einen Joseph gegeben hat, weiß man nicht, allerdings gibt es Hinweise, dass ein römischer Soldat Namens Panthera Maria geschwängert haben soll, so die Aufzeichnungen im jüdischen Talmud. Das belegt sogar ein kürzlich gefundener Grabstein mit diesem Namen, der historisch exakt an diesen Ort und in diese Zeit passt. Was auch immer, ob nun heilig aus dem Hause Davids oder von einem römischen Soldaten. Bemerkenswert ist, dass genau diese Geschichte zu stimmen scheint, denn kein Evangelist hätte freiwillig den Erlöser von einer nicht verheirateten Frau gebären lassen. Wie wichtig eine Mutter in der patriarchalischen Welt war, zeigt dann auch, dass Maria nie wieder erwähnt wird. Matthäus nennt sie nur „das Weib". Durch die vermeintliche Volkszählung, die historisch widerlegt ist, wurde Jesus durch seine Geburt in Bethlehem geadelt. Heilige Könige brachten ihm Geschenke und somit war die wichtige königliche Abstammung des Erlösers gegeben. Maria spielte Gott sei Dank keine Rolle mehr, jedenfalls in den Evangelien. Das sich das im Laufe der Kirchengeschichte zu seinem Gegenteil, nämlich zum Marienkult entwickeln würde, hatte ganz andere Gründe, die mit Jesus absolut nichts zu tun haben. Ganz im Gegenteil ist genau das ein Rückgriff auf die seit Urzeiten verehrte Magna Mater oder Gottesmutter.

Auch scheint Jesus ein wenig herzliches Verhältnis zu seiner Mutter gehabt zu haben: *„Wer ist meine Mutter und wer sind meine Brüder?"* (Matth.12.48), *„Und er reckte die Hand aus über seine Jünger und sprach: Siehe da, das ist meine Mutter und meine Brüder!"*, war die schroffe abweisende Antwort, als man ihm den Besuch seiner Mutter und Brüder ankündigte. Das ist auch nicht verwunderlich, denn wer möchte schon Bastard sein und sicherlich hat er sehr darunter gelitten. Nach der märchenhaften aber nicht stattgefundenen Geburt in Bethlehem, müssen Maria und Joseph, ein unbekannter Zimmermann ohne Stammbaum, das Land fluchtartig verlassen, da der von den Römern eingesetzte aber für die Juden nicht legitime König Herodes davon hörte, dass der König der Juden geboren wäre. Es ist historisch bewiesen, dass König Herodes ein skrupelloser Machtmensch war, der auch nicht davor zurückschreckte, seine eigenen Kinder zu meucheln. Allerdings ist die biblische Ankündigung, dass Herodes nun alle männlichen Kinder ermorden ließ und Maria und ihr Neugeborenes deswegen in das sichere Ägypten fliehen mussten, eine erfundene Horrorgeschichte, die aber durch den Mord des Herodes an seinen eigenen Kindern einen wahren Kern hat. Mit der Flucht nach Ägypten verliert sich der weitere Werdegang des Jesus. Man kann davon ausgehen, dass Maria und Joseph nie im entfernten Bethlehem waren und natürlich auch nicht in Ägypten. Maria lebte in dem kleinen Dorf Nazareth und hat Galiläa wahrscheinlich niemals verlassen, heiratete und bekam weitere Kinder. Jakobus wird von den zuverlässigen Schriften der jüdischen Priesterschaft als Bruder des Jesus genannt. Außerdem ist es Jakobus, der nach Jesus Tod die jüdisch-christliche Sekte in Jerusalem führt und deswegen 42 n.Chr. von den orthodoxen Juden gesteinigt wird.

Jesus ist also Sohn eines Weibes mit Namen Maria, die schwanger ward ohne einen Mann zu haben. Skandalös und damit wohl wahr. Mehr weiß man nicht über Jesus! Seine Beschneidung im Tempel ist normaler jüdischer

Brauch, seine Bar Mitzwa mit 12 ist ebenfalls gängige Sitte. Dass Maria und Joseph auf dem Heimweg ihren Sohn vergaßen, der im Tempel klug mit den Priestern diskutierte, ist seltsam. Sie gingen laut Evangelien also zurück, nachdem sie ihren Verlust bemerkt hatten und sahen Jesus unter den Schriftgelehrten diskutieren. Das musste wohl so sein, denn anständige Eltern hätten ihren anmaßenden Sprössling sicherlich daran gehindert, sich mit den ehrwürdigen Schriftgelehrten anzulegen. Aber diese Geschichte war wichtig, um die überragenden intellektuellen Fähigkeiten, sowie die überragenden Kenntnisse der Schrift des Jesus nun langsam in den Vordergrund zu bringen. Jesus geht also nach diesem Zwischenfall mit seinen Eltern zurück nach Nazareth und man hört fast 20 Jahre nichts mehr von ihm.

Das nächste große Ereignis ist die Begegnung mit Johannes dem Täufer. Dieser war zu der Zeit eine Berühmtheit und die Menschen strömten zu ihm an den Jordan, um sich von ihm taufen zu lassen. Er verkündete wie fast alle anderen zahlreichen jüdischen Rebellen das nahe Ende der Welt, weswegen jeder Mensch sich besinnen und ein gutes und gerechtes Leben führen sollte. Johannes der Täufer wird von Historikern und anderen seiner Zeit als ein charismatischer Mensch beschrieben und die Tötung durch den paranoiden Herodes empfindet die jüdische Welt als einen absoluten Skandal. Johannes der Täufer ist also historisch ausreichend belegt. Jesus lässt sich schließlich von Johannes dem Täufer mit fast 30 Jahren taufen und ist ein Unbekannter unter den vielen Pilgern. Danach, inspiriert von diesem großen spirituellen Mann, wandert er etwa 3 Jahre durch Galiläa, beginnt seine Predigertätigkeit am See Genezareth und trifft dort auf seine ersten Anhänger. Simon Petrus, ebenfalls historisch belegt, hat ein Haus, in dem der Aussteiger

Jesus zunächst unterkommt. Man geht davon aus, dass Jesus mit seiner neuen Botschaft bei Simon, genannt der Fels, und den anderen offene Türen eintrat. Rebellion gegen die Römer, in welcher Art auch immer, fand bei der von den Römern durch Steuern ausgebeuteten Landbevölkerung großen Anklang. Galiläa war ein armes Land und die Römer regierten in Judäa, weit weg. Der Rebell Judas von Galiläa hatte bereits zu Lebzeiten Jesu einen großen Aufstand gegen die Römer angefacht und war deshalb mit 2000 seiner Anhänger gekreuzigt worden. Das war zurzeit der Bar Mitzwa von Jesus in Jerusalem. Bezeichnenderweise hört man danach nichts mehr von Jesu Vater Joseph und Historiker nehmen an, wenn es denn einen Joseph je gegeben hätte, dass auch er der Rebellion nicht abgeneigt war und mit der Niederschlagung des Judas von Galiläa und seinen zahlreichen Anhängern ebenfalls am Kreuz endete. Aus Galiläa zu kommen, also ein Galiläa zu sein war das Synonym für Rebell bei den Römern. Die Kreuzigung von Rebellen war der Römer täglich Brot, besonders in Judäa, trotz aller Privilegien, die das jüdische Volk als einziges im römischen Imperium genoss. Die Römer versuchten mit den renitenten Juden klar zu kommen. Der von den Römern eingesetzte König Herodes, der keinem jüdischen Königsgeschlecht entsprang und daher keinen jüdischem Rückhalt genoss, versuchte durch zahlreiche Bauprojekte sich bei den Juden anzubiedern. Berühmt wurden die gigantischen Umbaumaßnahmen des Tempels unter Herodes dem Großen. Das half aber alles nichts, Herodes blieb als Vasall der Römer verhasst, weswegen man auch die grausigsten Geschichten von ihm erzählte.

Jesus allerdings lebte weit entfernt von der Machtzentrale des Herodes und der Römer. Seine Wanderjahre erschöpften sich auf Galiläa rund um den See Genezareth in einem Umkreis von nur 60 km. Hier wurde er sicherlich bald bekannt. Dennoch weiß man fast nichts außer Legenden aus dieser Zeit. Seine Wunderheilungen waren normales Wanderprediger-Repertoire, das von einem göttlich Inspirierten verlangt wurde. Insbesondere da man davon ausging, dass Krankheiten von Gott kamen, konnten eben nur Priester und von Gott Inspirierte auch diese heilen, durch Handauflegen und das Wort. Man weiß, dass es sich bei diesen Krankheiten nicht um einfache Beinbrüche oder Erkältungen handelte, die von der heimischen Kräutermedizin ausreichend versorgt wurden. Es waren Lahme und Blinde, von Hautkrankheiten oder Hysterie und Wehmut Befallene, die durch göttlichen Beistand Genesung erhofften. Sie wurden auch die Heiligen Krankheiten genannt. Dass nur bestimmte Krankheiten durch Handauflegen und göttlich inspirierte Worte geheilt werden konnten, entsprang keinesfalls dem dummen Aberglauben der Menschen, sondern war durch Erfahrung bewiesene Heilung. Diese von Gott gesandten Propheten konnten sogar Tote erwecken, dass war allgemein bekannt. Bevor wir die Nase darüber rümpfen, sollten wir uns vergegenwärtigen, was seelischer Druck und Depression, Angst und Schicksalsschläge auf die Dauer mit einem Menschen anstellen: Vom Haarausfall über Migräne, Hautausschlag, Lähmungen, Atemnot bis hin zu Atemstillstand oder Ohnmacht. Aber auch Psychosen und alle Arten von seelischen Krankheiten mit körperlichen Folgen können als Grund ein Trauma oder unerträgliche Lebensumstände haben. Wir wissen heute, dass viele Krankheiten psychische Ursachen haben und durch veränderte, bessere Lebensumstände geheilt werden könnten. Voraussetzung dafür sind allerdings der unbedingte Glaube des Patienten an seine Genesung und sein Vertrauen in die Behandlung des Arztes. Tests mit Placebos gehören daher heute zum normalen medizinischen Testverfahren eines Medikaments.

Und würden wir in unserer medizinisch hochgerüsteten Gesellschaft mehr auf unsere körpereigenen Heilungsmechanismen hören statt zum Arzt zu rennen, wären wir wahrscheinlich gesünder. Sich geborgen, anerkannt, sicher und frei zu fühlen ist meistens die Garantie für ein gesundes Leben. Und wer gibt uns dieses Gefühl von Geborgenheit und Sicherheit? Die Familie und Freunde, die Gesellschaft, aber auch der Arzt, Therapeut und Priester? Also nur wenn wir vertrauen, können wir uns besser fühlen und damit die Genesung einleiten. Und dieses taten die Wanderprediger, indem sie Vertrauen und Hoffnung vermittelten. Und als Gottgesandte genossen sie höchstes Vertrauen. An ihre heilenden Hände und tröstenden Worte zu glauben, damit war bereits die halbe Krankheit besiegt. Die von Angst, Schuld und erlittenem Leid gemarterte Seele konnte aufatmen: „Habe keine Angst, du wirst erlöst werden" Wer möchte nicht daran glauben, wenn er leidet. Und dass Placebos genau diesen Effekt haben, wissen wir. Placebo heißt also, dass in diesen Fällen nur der reine Glaube und das Vertrauen in die Genesung letztendlich die Genesung einleiten, ohne Medizin, ohne Hilfsmittel, nur mit dem Glauben! Und eben nicht nur bei Krankheiten kann der Glaube Berge versetzen.

Das ländliche Galiläa war arm, kleine Dörfer, Bauern, Fischer, Handwerker mussten den größten Teil ihres Erwirtschafteten an den Römischen Staat und die jüdische Priesterschaft abgeben. Das machte ihnen nicht nur die Römer verhasst. Verlassen von Staat und Tempel fristeten sie ihr armseliges Leben unter der Knute der

Mächtigen. Wie junge Männer mit so einer Situation umgehen, können wir ahnen. Eine Soziologin fand in ihrer Doktorarbeit einmal heraus, dass wenn ein Volk zu viele junge Männer hat, es garantiert Krieg gibt, auch ohne Armut und Unterdrückung, sicherlich einer der Gründe für die Kreuzzüge und den ersten Weltkrieg. In beiden Fällen ging es den Menschen zu dieser Zeit eigentlich gar nicht so schlecht. Das war anders in Galiläa und die Römer hatten ein waches Auge darauf.

Jesus predigte nun laut der Evangelien Nächstenliebe und Demut den Menschen, die eigentlich bereits demütig genug die erdrückenden Lebensumstände aushalten mussten. Dass man die Römer und ausbeuterische Priesterschaft auch noch lieben sollte, war sicherlich ein Novum. Dieses verlangte Jesus als von Gott Gesandter aber nur deshalb und nicht grundsätzlich, weil eben das Himmelreich nah war, und eben ein reicher egoistischer Ausbeuter sowenig in den Himmel kommen würde wie ein Kamel durch ein Nadelöhr geht. Ein Leben zu führen in Demut und Liebe selbst für Mörder und Steuereintreiber (Zöllner) konnte an sich eigentlich keinen Wert haben. Nur das Versprechen des Himmelreiches, an dem logischerweise weder Mörder noch Zöllner noch Reiche Anteil haben würden, weil im Paradies nur gute Menschen leben können, war Ansporn genug, auf Jesus zu hören. Hatte ja bereits der große Johannes der Täufer ganz ähnlich geredet.

Jesus zog also 3 Jahre durch das einigermaßen friedliche aber arme Galiläa, weit weg von Jerusalem, nachdem er ein ganz normales jüdisches Leben geführt hatte, denn über sein Leben zwischen dem 12. und ca. 28. Lebensjahr wird auch in den Evangelien nichts berichtet. Und auch über Maria, die nach jüdischen Rechtsverständnis eher das Schicksal der Steinigung hätte erleiden müssen, hört man bis zur Kreuzigung nichts mehr. Die Kirche behauptet später, dass Joseph sie aus Mitleid zwar geheiratet hätte, sie aber keine weiteren Kinder mehr gebar. Das ist ganz und gar nicht im Sinne jüdischer Tradition und Moralvorstellung, denn eines der wichtigsten jüdischen Gesetze lautet: Seid fruchtbar und mehret euch! Eine jüdische Frau hatte zu dieser Zeit mindestens 10 Geburten. Nichts von alledem kann man in den Evangelien lesen, Jesus bleibt einziger Sohn. Auch ist er trotz seines hohen Alters von 30 Jahren nicht verheiratet. Da er in der Bibel Rabbi genannt wird, ist das besonders bemerkenswert, denn ein Rabbi, der nicht verheiratet war und so viele Kinder hatte, wie seine Frau gebären konnte, war schlicht nicht denkbar. Und mit spätestens 30 musste nach jüdischem Gesetz ein Rabbi verheiratet sein. Wäre Jesus wie angenommen ein normaler Jude gewesen, der als Zimmermann seinen Lebensunterhalt verdiente, so wäre die Tatsache, dass er unverheiratet und kinderlos blieb bis ins damalige hohe Alter von 30 Jahren im ländlichen Galiläa gesellschaftlich ein Skandal gewesen. Frauen und Männer heirateten spätestens mit 20. Maria war immerhin erst 14, als Joseph sich ihrer erbarmte.

Aber weder durch seine späteren Predigten, noch durch sein abnormes Leben als Single scheint Jesus aufgefallen zu sein. Die von den Evangelisten aufgezeichneten Predigten sind wie die Bergpredigt ein Konstrukt der Evangelisten und in keiner Weise historisch belegt. Die Nähe zum Alten Testament, dem Tanach der Juden ist dagegen unübersehbar. Also geliehen aus den alten Schriften?

Maria hatte also nur einen unehelichen Sohn und dieser blieb unverheiratet. Davon hat es im damaligen Judäa und Galiläa sicherlich nicht viele gegeben und wenn, waren diese ganz sicher Ausgestoßene der jüdischen Gesellschaft. Dass ein Joseph Erbarmen hatte, seine Kinder aus erster Ehe mit in die Ehe mit Maria nahm und somit Maria einen anerkannten jüdischen Status gab, es aber ertrug, dass seine Frau ihm zeitlebens keine Kinder schenkte, entspricht ebenfalls nicht jüdischem Gehabe. Männer hatten nach jüdischem Gesetz das Recht und auch die Pflicht, ihre kinderlose Frau zu verstoßen: Erst lässt sie sich schwängern und zwar nicht von Joseph und dann soll Joseph auch noch die Kinderlosigkeit seiner Maria ertragen, was bedeutet, dass sie keinen Sex mehr hatten. Das klingt unwahrscheinlich. Man erinnere sich, dass Jesus darüber referierte, ob Männer kinderlos oder ehelos bleiben sollten, was später dank der falschen Übersetzung des Hieronymus als Begründung zum Zölibat benutzt wurde. Jesus sagte: "Nimm das wer kann." Er schien wenig Verständnis dafür zu haben, wenn es auch so ausgelegt wurde, dass derjenige der kann, es auch tun solle. Maria Magdalene war dann nach kirchlicher Auslegung auch nicht die Frau von Jesus, sondern eine Hure, die im Tross von Jesus mitzog, man kannte das von den Kriegen, Wanderhuren. Und selbstverständlich hatte Jesus keinen Sex, genau wie seine Mutter und seine Großmutter (Unbefleckte Empfängnis). Das verstößt aber nach jüdischer Tradition gegen den Willen Gottes und ist auch in allen anderen Religionen und Kulturen als abnormal gebrandmarkt, selbst für Götter. Und was soll die alleinige Abstammung von Maria, kommt doch Jesus aus dem Königsgeschlecht des Davids... wie jetzt? Maria wurde zur Jungfrau verklärt, ein abenteuerliches Konstrukt, das aber durchaus im Nachhinein seine Berechtigung hatte. Hatte nicht die große Göttin, die Magna Mater ebenfalls das Leben aus sich selbst erschaffen, ohne männliches Zutun? Dass die Göttinnen allerdings keinen Sex und vor allem keinen Spaß am Sex hatten, hätte zu diesem Zeitpunkt jeder als absurd abgewiesen. Immerhin hatte die Christologie die mit soviel Mühe erfundene Abstammung aus dem Hause Davids in Bethlehem zugunsten einer matrilinearen Abstammung von Großmutter Anna zurückgedrängt, was zu einer betonten Weiblichkeit im Christentum hätte führen können, hätten die Priester nicht so viele Probleme mit dem Sex gehabt. Unzählige Schriften berichten vom Leben und Wirken Jesu und doch gibt es keinerlei historische Anhaltspunkte dafür. Die Tatsache, dass Jesus unehelich ist, weist allerdings daraufhin, dass es einen Jesus, Sohn der Maria, gegeben haben muss, denn niemand würde sich freiwillig so eine Geschichte ausdenken. Und die danach konstruierte Jungfräulichkeit der Maria machte der Glaubensgemeinschaft von Anfang an Probleme und endete in obskuren Konzilen über die Jungfräulichkeit der Mutter von Maria, bis dieses dann noch im 19. Jahrhundert zum Dogma erklärt wurde. Einfacher und akzeptabler für die damalige patriarchalische Welt wäre es gewesen, Jesus einen gestandenen Vater aus dem Hause Davids an die Seite zu geben, Mutter unwichtig und Mätressen oder auch Nebenfrauen wären möglich gewesen, da diese ja nur den Samen austragen……

Paulus begründet das Christentum

Paulus, der Begründer des Christentums zog nun nach seiner Erleuchtung vor Damaskus los, von einem Jesus zu berichten, den er nur vom Hörensagen kannte….oder kannte er ihn überhaupt nicht? Hatte er sich alles nur ausgedacht und warum? Bemerkenswert ist, dass für Paulus das reale Leben des Jesus keine Bedeutung hatte. Er bemühte sich erst gar nicht, den realen Jesus zu beschreiben. Wusste er zuwenig über ihn oder wollte er nicht und warum?

Paulus selbst war ein hellenistisch gebildeter Jude und Römischer Bürger aus Tarsus in der Türkei. In Jerusalem legte er sich mit der christlich-jüdischen Gemeinde des Jakobus an. Dieser soll der Bruder von Jesus und ein enger Vertrauter gewesen sein. Wenn also jemand über Jesus Bescheid wusste, dann er. Doch Paulus interessierte das wenig, er hatte eine andere Vision und diese Vision betraf weniger die Juden-Christen von Jerusalem als seine wohlbekannte hellenistische Welt in Kleinasien und Griechenland. Wie ein Getriebener besuchte er Dutzende von Städten rund um die Ägäis und landete schließlich in der Weltmetropole Ephesus an der Westküste der Türkei. Hier wurde seit ewigen Zeiten die griechische Göttin Artemis verehrt und der ihr zu Ehren erbaute riesige Tempel glich einem Weltwunder. Sie war die Zwillingsschwester des Sonnengottes Apollon, der als einziger Gott mit seinem eigenen Namen von den Römern übernommen wurde. Apollon stellte selbst seinen Vatergott Zeus in den Schatten. Apollon und Artemis sind zu dieser Zeit die wichtigsten Götter der griechisch-römischen Welt. Obwohl die Artemis von Ephesus alle Merkmale einer Fruchtbarkeitsgöttin zeigt, gilt sie als jungfräulich. Ihre Statue zeigt sie von oben bis

unten behangen mit Stierhoden wie man lange Zeit annahm, bis man einen Imker fragte und der meinte, diese Hoden wären Kokons der Bienenkönigin. Bereits im alten Ägypten spielten Bienen eine herausragende Rolle bei der Fruchtbarkeit der Frauen. (Joseph und Asenath). Sie standen aber auch für ewiges Leben und besonders für sexuelle Lust, was sich mit von uns verstandener Jungfräulichkeit schlecht vereinbaren lässt.

Tatsächlich bezog sich der Begriff Jungfräulichkeit in den antiken Kulturen außerhalb des Judentums auf Mädchen und Frauen, die noch nicht verheiratet waren oder einen festen Partner hatten. Und das bedeutete das ganze Gegenteil von dem, was die Christen später daraus machten: Jungfrauen, also junge Frauen sollten vor der festen Bindung an einen Mann sexuelle Erfahrungen sammeln und waren völlig frei in ihrer Wahl erotischer Abenteuer. Sie hatten also freien Sex! Und Artemis scheint eine ganze Menge davon als `Jungfrau´ gehabt zu haben.

Artemis in Kleinasien geht zurück auf Kybele, der großen Mutter vom Berge Ida, der Magna Mater (Große Mutter) schlechthin! Diese Kybele geht wiederum auf eine uralte Göttin Namens Kubaba zurück. Die große Kubaba wurde schon 1000 v.Chr. an diesem heiligen Ort Namens Aselon verehrt. Und auch hier spielten Bienen eine herausragende Rolle, denn laut Legende soll die Ur-Göttin Kubaba hier Bienen ausgesandt haben, um den Pflanzen Leben einzuhauchen. Und an dieser Stelle stiftete im 6. Jahrhundert vor Christus kein Geringerer als König Krösus der großen Göttin Artemis ein Weltwunder. Nur zur Geburt des Größten aller griechischen Helden, Alexander dem Großen, soll die Göttin den Tempel einmal verlassen haben.

Besonders Ephesus blickte also auf eine große Tradition der Verehrung der Magna Mater zurück, was im Gedächtnis der Menschen tief verankert war.

Artemis und Apollon wurden für den nun entstehenden Jesus-Kult von größter Wichtigkeit und Paulus verbrachte viele Jahre in Ephesus, um sich dieser Herausforderung zu stellen. Apollon als Vorbild der neuen Lichtgestalt Jesus stand aber auch für Erkenntnis. Über dem Orakel von Delphi, das als Orakel des Apollon bekannt ist, stand die Inschrift: "Erkenne dich selbst". Und genau das wollte Paulus in die neue Religion einbauen. Daher spielte für Paulus die Vita eines Jesus eine untergeordnete Rolle. Und die jungfräuliche Artemis sollte schließlich von Maria abgelöst werden. Jungfräulichkeit hieß bei Paulus und den Christen nun nicht mehr Sex ohne festen Mann, sondern überhaupt keinen Sex mehr. Paulus´ Sexfeindlichkeit geht allerdings auf direkte Erfahrungen mit dem weit verbreiteten Baal-Kult zurück, der auch in Galiläa und Judäa noch sehr präsent war. Der mächtige Baal-Kult war für Jahrhunderte tatsächlich die große Konkurrenz zum jüdischen Gott Jahwe gewesen. In diesem wie in vielen alten Kulten wird die „Heilige Hochzeit" zwischen dem Gott Baal und der Mutter-Göttin Astarte ganz authentisch nachvollzogen, indem Priesterinnen des Baal-Kults sich Priestern oder sogar fremden Besuchern des Tempels hingeben, also die sexuelle Vereinigung zweier fremder

Menschen als heiligen Kult im Tempel betreiben. Die `sakrale Prostitution´ im Tempel wurde auch von jedem anderen Gläubigen erwartet. Im Geschlechtsakt sah man den rituellen Höhepunkt aller Fruchtbarkeit auf Erden, was auch das Wetter und das Gedeihen der Pflanzen mit beinhaltete. Sex als heiliger Kult zwischen zwei wildfremden Menschen und dann auch noch im Tempel, das war dem Juden Paulus zuviel. Es hieß, den Baal-Kult radikal zu bekämpfen. Er verachtete die Frauen und war von diesen religiösen Praktiken geradezu angewidert. Also war es besser, den Jung-Frauen den Sex am Besten ganz zu verbieten. Und der Fruchtbarkeitsgott Baal wurde im Christentum schließlich als Baal-Sebub (Belzebub) verteufelt.

Dass die sexuelle Ekstase als ein mystisches Erlebnis, also eine Gottesnaherfahrung gewertet wurde, das vertraten sogar noch islamische Mystiker im 13. Jahrhundert, nämlich niemand Geringerer als Dschalal Ad din Rumi selbst. Er ist bekannt als Mevlana und einer der herausragenden Mystiker des Islam. Er erfand den Dervisch-Tanz. Für christliche Mystiker blieb Sex böse.

Warum Monotheismus ?

Wie kam es dazu, dass ein kleines Volk von Hebräern, aus Ägypten geflüchtet, plötzlich nur noch einen einzigen Vatergott anbetete. Der Mythos sagt, dass Abraham mit dem einzigen Gott ein Bündnis schloss, das soll ungefähr 1800 vor Christus passiert sein. Gott fordert ihn auf, seine Heimat in Mesopotamien zu verlassen und in das weit entfernte Land Kanaan zu ziehen, um dort mit seinen Nachkommen ein Volk zu gründen. Gott wählt sein Volk aus und schenkt diesem Land. Die Legende erzählt weiter, dass das von Gott auserwählte Volk der Hebräer 600 Jahre später als Arbeitssklaven sich in Ägypten verdingen muss, dann aber unter der Führung des Moses den großen Pharao mithilfe der 10 Plagen zwingt, das riesige Volk der Hebräern ziehen zu lassen. Über 600.000 Menschen sollen es gewesen sein und der Pharao überlebte die Auseinandersetzung mit dem Volk der Hebräer nicht. Mit seinem ganzen Heer ertrank er bei der Verfolgung im Roten Meer. Ein unglaublicher Sieg eines bis dahin von Sklaverei und Armut unterdrückten Volkes über den damals mächtigsten Herrscher der bekannten Welt, Ramses II. Dieses hatten die Hebräer ihrem Gott zu verdanken, der sie aus der Gefangenschaft führte. Allerdings waren die Hebräer wankelmütig im Glauben und verehrten immer noch den Stiergott. Als Gott Jahwe den Bund mit seinem Volk erneuert und Moses dafür die Gesetzestafeln auf dem Berg Sinai aushändigt, tanzen die Hebräer im Tal um das Goldene Kalb. Was für eine Enttäuschung für den einzigen wahren Gott. Sein Gesandter Moses wütete und soll Tausende erschlagen haben. Danach war Ruhe und nach 40 Jahren erreicht das geschundene Volk der Hebräer endlich das Land Kanaan, das Gott schon Abraham versprochen hatte. Josua überwältigt alle Städte und die 12 Stämme Israel leben glücklich unter der Obhut ihres einzigen Gottes im gelobten Land, wo Milch und Honig fließen. Was für ein Segen, was für eine Verheißung.

Die Tatsachen sehen allerdings anders aus, wie so oft in der Bibel. Das Volk der Israeliten wird erstmals erwähnt auf einer Stele von einem ägyptischen Pharao im 13. Jahrhundert vor Christus. Er rühmt sich darauf, diese in ihrem Land Israel besiegt zu haben. Das sind allerdings die üblichen ägyptischen Angebereien, die nichts mit der

Wirklichkeit zu tun haben. Entscheidend jedoch ist, dass es zu diesem Zeitpunkt bereits ein Volk Israel offenbar gegeben haben muss. Der Name Israel bedeutet `Gott streitet´. Das hebräische Wort `El´ steht für `Gott´, womit allerdings auch in vormonotheistischer Zeit der mächtige Stiergott gemeint war. Israeliten waren also nicht unbedingt Juden und Monotheisten zu dieser Zeit. Dennoch gab es schon einen Gott Jahwe. Der war aber nicht Gott von Abraham und Moses, sondern Schutzgott des kleinen Nomadenvolkes der `Shasu´. Die Moseslegende und der Exodus aus Ägypten um 1200 vor Christus konnten trotz intensiver Forschung und Archäologie in den letzten 200 Jahren historisch nicht belegt werden. Es gab keinen Auszug aus Ägypten und keinen Moses, also auch keine 10 Gebote auf dem Berg Sinai. Das haben sich kluge Köpfe alles viele Jahrhunderte später aus ganz bestimmten Gründen ausgedacht.

Aber dieses kleine Volk der `Shasu´ gab es tatsächlich. Sie kamen aus dem Sudan und führten friedlich ihre Herden durch Ägypten. Dort werden sie auch schriftlich erwähnt. Man kann ihren Aufenthalt und ihre Wanderung heute sehr genau belegen. Sie arbeiteten in der Not als Arbeitssklaven in den Kupferminen der Ägypter und in besseren Zeiten zogen sie friedlich weiter und gelangten so auch ins südliche Kanaan, wo sie eine kleine Oase bezogen mit dem Namen JWH. Die Ägypter schreiben, dass JWH ihr Schutzgott sei. Ein weiterer Ort der Shasu wird genannt: Midian. Hier soll bezeichnender Weise Moses Jahwe in einem brennenden Dornbusch erstmalig begegnet sein. Die Shasu waren keine Israeliten, hatten aber viel Kontakt mit diesem Volk, allerdings nicht mit allen. Denn die Shasu waren arm und von ansässigen Bauern und Landbesitzern unerwünscht, da sie Angst hatten, dass die Herden ihre Felder verwüsten würden. Sie hatten nur Kontakt mit den armen Israeliten der Unterschicht. Diese hatten eines Tages zu Massen gegen die drückende Herrschaft der Oberschicht der Israeliten aufbegehrt, sie sogar bekämpft und viele Ortschaften in Kanaan wurden von der wie in Sklaverei lebenden Unterschicht der Israeliten zerstört. Ihr Zufluchtsort wurde der Süden von Kanaan, wo diese Outcasts sich in egalitären, aber sehr armen Lebensgemeinschaften zusammenfanden. Sie waren also Aussätzige, Flüchtlinge, der Leibeigenschaft entflohen. Ihr Lebensstil und ihr Glaube konnte und sollte nicht derselbe sein wie der der verhassten Oberschicht der Israeliten, die an einen Stiergott glaubten. Und hier im Süden trafen sie auf das afrikanische Volk der Shasu, die einen Jahwe anbeteten und auch arm und der Willkür der Mächtigen ausgeliefert waren. Eine Notgemeinschaft aus vielen verschiedenen Stämmen entstand, die sich von allen anderen unterscheiden sollte. Der Name ihres Stammvaters Abraham bedeutet bezeichnenderweise `Vater der vielen´.

Aber Jahwe hatte immer noch nicht den Anspruch, der einzige zu sein und sein Volk war ein Volk von Habenichtsen. Das sollte sich ändern als der schmächtige Hirtenjunge David nach erfolgreichen Eroberungen 1000 vor Christus König der Israeliten in Kanaan wurde. Er wählte Jerusalem zu seiner Hauptstadt und aus dem Gott der Armen und Gedemütigten wurde der Gott eines großen Königs. Jahwe hatte mit David Karriere gemacht und sein Sohn, der weise König Salomon baute ihm einen mächtigen Tempel.
An der Seite des Gottvaters Jahwes stand aber noch seine mächtige Gefährtin, die Göttin Aschera, die in vielen

Hausaltären verehrt wurde. David bevorzugte zwar Jahwe, betete aber auch noch zu anderen Göttern.

Die Wende kam im 8. Jahrhundert vor Christus. Die Assyrer überzogen die arabische Halbinsel mit Terror und Verwüstungen und eroberten schließlich 10 der 12 Stämme Israels, zerstörten ihre Städte und deportierten die Einwohner in die Sklaverei. Übrig blieb König Joschija in Jerusalem. Aus unbekannten Gründen zogen die Assyrer nach monatelanger Belagerung plötzlich ab. Das damals noch kleine Jerusalem überlebte und blickte auf ein völlig zerstörtes Umland, überall verbrannte Erde und gepfählte Menschen. Was hatten sie falsch gemacht? Was hatte ihren Gott so erzürnt, dass er sie so im Stich gelassen hatte? Der überlebende König Joschija wusste die Antwort: Dem Kriegsgott Jahwe war zuwenig gehuldigt worden! Und so griff er in diesen furchtbaren Zeiten zum Äußersten, denn die Assyrer konnten jeder Zeit wiederkommen. Er ließ alle Götter bis auf Jahwe, den sie nun am dringendsten brauchten, abschaffen, ließ ihre Kulte verbieten und ihre Schreine und Tempel zerstören. Es sollte nur noch Jahwe in einem einzigen Tempel angebetet werden. König Joschija führte das Pessachfest ein. Pessach bedeutete `Auslassen, Vorübergehen, Überspringen´, eben das was die Assyrer wundersamerweise mit Jerusalem getan hatten. In der jüdischen Legende heißt es jedoch, dass beim Strafgericht Jahwes über die Ägypter, bei dem alle männlichen Nachkommen der Ägypter getötet werden, die jüdischen Knaben verschont blieben, also übersprungen wurden. Diese Mythen ließ König Joschija nun erstmalig aufzeichnen und gab damit das Fundament für das Selbstwertgefühl des kleinen jüdischen Volkes, das allerdings eine Korrektur in Form einer Heroisierung ihrer Geschichte bedurfte. Und diese Geschichte musste

34

weit zurückgehen, mindestens 1000 Jahre. Der Mythos
von Abraham und Moses wurde geboren.
Die Göttin Aschera hatte unwiederbringlich ausgedient.

Jetzt herrschte der Kriegsgott Jahwe, der ihnen allerdings
auch die Verschleppung ins babylonische Exil nur
wenige Jahrzehnte später nicht ersparen konnte. Die neue
Macht Babylon sollte Jerusalem doch noch erobern und
dem Erdboden gleichmachen. Die Einwohner wurden in
die Metropole Babylon zwangsumgesiedelt. Dennoch
hielten die Juden fest an ihrem Jahwe und in Babylon
wurden weitere Schriften verfasst und so entstand
langsam das, was wir heute Altes Testament nennen. Als
die Perser 70 Jahre später Babylon eroberten, gaben sie
den Juden freies Geleit zurück in ihre Heimat. Die
meisten der deportierten Juden waren jedoch inzwischen
integriert. Babylon war zu dieser Zeit die größte Stadt der
Welt mit sagenhafter eine Million Einwohner. Das Leben
pulsierte. Was in Babylon geschah, wurde zur Leitkultur
der bekannten Welt. Die vielen Deportierten, die
angesiedelt worden waren, waren keine Sklaven, sondern
gingen ihren Berufen nach, hatten ihre Wohnviertel und
Häuser, eigenen Besitz und sogar Vermögen, Einfluss
und hohe Positionen in der babylonischen Gesellschaft,
wie zum Beispiel der Prophet Daniel. Babylon war
multikulti, wie in der jüdischen Verunglimpfung des
Turmbaus zu Babel mit seiner Sprachverwirrung
beschrieben wird. Den meisten ging es recht gut im Exil,
oft sogar besser als im ärmlichen Jerusalem. Ihren Status
könnte man mit heutigen Flüchtlingen in Europa
vergleichen. Babylon muss eine faszinierende,
wohlhabende, hoch kultivierte Stadt gewesen sein, in der
die unterschiedlichsten Völker lebten. Und dennoch
konnten einige sich auch nach Jahrzehnten einfach nicht

arrangieren mit der fremden Macht, ihren fremden Sitten und Göttern, der mondänen Welt und den vielen Verlockungen. Das städtische Leben blieb diesen Juden fremd, suspekt und sittenlos, so wie sie in ihren Legenden später die Städte Sodom und Gomorra beschrieben. Sie begannen, ihre eigene Identität gegen die fremden Einflüsse neu zu verfassen und abzugrenzen und schrieben Mythen, Geschichten und Visionen auf, die die wenigen noch übrig gebliebenen Jahwe-Anhänger bei der Stange halten sollten. Sie nannte man später die Propheten. Und so tauschten dann auch nur diejenigen, die die fremde Welt in Babylon zutiefst verachteten oder in ihr gescheitert waren sowie die religiösen Fanatiker das wohlhabende Babylon gegen das in Trümmern liegende Jerusalem ein. Im Gepäck hatten sie ihre frisch verfassten Mythen und Schriften, die Jerusalem verklärten und Babylon zur Hure stempelten. Für diese orthodoxen Juden waren ihre Schriften von allergrößter Bedeutung, das Fundament ihrer Existenz. Keine andere Religion war bis dahin so fixiert auf Geschriebenes. Nicht Statuen und Altäre, an denen in anderen Religionen in festgelegten Ritualen den Göttern Aufmerksamkeit geschenkt und um Beistand gebeten wurde, begleiteten den Alltag der Gläubigen, sondern erstmalig das Wort Gottes, die Heilige Schrift. Sogar in ihrem Schöpfungsmythos liegt der Anfang von allem beim Wort Gottes. Die Buchreligion war geboren. Die heiligen Schriften wurden intensiv studiert und immer enger ausgelegt. Unzählige Vorschriften und Gesetze prägten schließlich das jüdische Leben im kleinen provinziellen Jerusalem, das sie erst einmal wieder aufbauen mussten. Und als mit der Eroberung Alexander des Großen die recht freizügige hellenistische Kultur in Kanaan Einzug hielt, liefen die kleinkarierten Juden Amok. Die Chasidim waren entsetzt, dass Griechen nackt Sportveranstaltungen abhielten, Homosexualität für normal hielten und auch sonst einen durch und durch sittenlosen Götterhimmel hatten. Wieder galt es sich abzugrenzen gegen fremde Einflüsse. Es waren die Männer der jüdischen Priesterkaste, die nun gegen alles Fremde wetterten und ihre eigene selbst erschaffene Religion immer fanatischer verteidigten. Mit Gesetzen und Regeln drangen sie bis in den kleinsten Bereich des Alltags der Gläubigen ein und bestimmten und kontrollierten so das komplette Leben ihrer Schäfchen. Ihre Mythen fassten sie zu einem Kanon zusammen, der von ihrem Supergott Jahwe direkt diktiert worden sein soll und deshalb natürlich nicht mehr angezweifelt oder hinterfragt werden durfte. Die Tora wurde zu Gottes Wort erklärt. Das gab der Priesterkaste Rückendeckung und sie träumten davon, dass das Gericht Gottes kommen und die Feinde und alles Fremde hinwegfegen würde.

Ein kleiner Trupp weltfremder, fanatisch religiöser und engstirniger Männer in Kriegsstimmung sollte in Jerusalem die Grundlage dreier großer Weltreligionen liefern, das Alte Testament mit Abraham, Moses, den kommenden Messias und die Apokalypse….

Die Apokalypse avancierte unter den wechselnden fremden Herrschern zur Heilsbotschaft und nur, wer sich an die jüdischen Gesetze streng hielt, konnte die Apokalypse, die alle anderen vernichten würde, überleben und nur ihnen wäre das verheißene Reich Gottes sicher. Noch heute halten sich die ultra-orthodoxen Juden für die einzig von Gott Auserwählten, alle anderen sind eines Tages dem Untergang geweiht. Die Terrororganisation IS hat heute das gleiche Gedankengut und führt die Apokalypse schon mal selbst herbei. Apokalypse heißt eigentlich nur `Enthüllung´ oder

`Offenbarung´. Gemeint ist, dass nach dem kommenden Weltuntergang sich Gott den Seinen zeigen und sie ins Paradies führen wird. Für alle Fanatiker, ob Juden, Christen oder Moslems, bedeutet dieses eine unstillbare Sehnsucht nach dem Weltuntergang, also nach Zerstörung und Tod. Krieg, Gemetzel, Grausamkeiten kündigen den Weltuntergang an. Für den, der sich streng an die vermeintlichen Gesetze Gottes hält, ist dieser Zustand die ultimative Erfüllung seiner Wünsche, so schnell wie möglich das Reich Gottes herbeizuführen. Deshalb gibt es Gotteskrieger, denn vor dem Reich Gottes muss erst einmal Krieg herrschen, der so extrem grausam geführt wird, wie man sich eben den Weltuntergang vorstellt. Zur Zeit der Römer waren es die jüdischen Sikarier-Zeloten, die dem Weltuntergang schon mal ein bisschen Beine machen wollten, indem sie hinterrücks jeden erstachen, der ihrer Meinung nach ungläubig war oder nicht den jüdischen Gesetzen folgte, Juden wie Römer. Sie konnten sich dabei auf das 4.Buch Moses berufen, wo ein religiöser Eiferer ein untreues jüdisches Pärchen erstach.

Der Kriegsgott Jahwe fordert vollen Einsatz und Opferbereitschaft im Krieg gegen die Ungläubigen, auch von den Frauen. Diese spielten im Judentum nur noch die Rolle der Gebärmaschine, eben für den Nachschub an jungen kräftigen Gotteskriegern.
Im 10.Gebot werden deshalb auch Frauen zum Besitz ihrer Männer erklärt, denn keine Frau ist freiwillig ständig schwanger.

Ultra-Orthodoxe Frauen im abgeschotteten Viertel Mea Shearim in Jerusalem gebären heute im 21. Jahrhundert im Schnitt 12-15 Kinder. Viele sind bereits mit 28 Jahren

Mutter von 10 Kindern und ihre Frage an den Rabbi lautet, ob eine Frau zwischen den Schwangerschaften nicht auch mal eine längere Pause einlegen könnte.

Ihre Männer, in der Tora vertieft als stolze Erben der Chasidim, interessieren sich nicht für die weltlichen Sorgen ihrer Frauen und Kinder.

Sie halten alle anderen Juden, die nicht genauso leben wie sie für Verräter, die bekämpft werden müssen, was in zahllosen Straßenschlachten mit der israelischen Polizei zum Ausdruck kommt. Das Einhalten der religiösen Gesetze und das Tora-Studium verschlingen den größten Teil der Zeit jüdisch-orthodoxer Männer, weswegen sie kein Geld verdienen können und deshalb vom jüdischen Staat unterstützt werden müssen, was die Männer wiederum oft genug vom verhassten Staat nicht annehmen. Leiden tun die Frauen, die ein Dutzend Kinder durchbringen müssen. Israelische Krankenhäuser schlagen Alarm, wenn ultra-orthodoxe schwangere Frauen zur Entbindung unterernährt ins Krankenhaus kommen.

Aber zum Glück fehlt den Ultras auch das Geld für eine ausgerüstete Gotteskriegerarmee.

Dass der demokratische Staat Israel die undemokratischen und auch menschenverachtenden Strukturen ihrer Ultras im Mea-Shearim nicht nur duldet sondern sogar protegiert, liegt im Selbstverständnis der Religion, die diejenigen, die sich fanatisch an religiöse Regeln halten letztendlich die Basis und die Essenz ihrer Religion vertreten, da sich alle anderen nur oberflächlich daran halten können. Das gilt genauso für den christlichen Westen, der immer noch den nach demokratischem Verständnis rechtsfreiem Raum eines Klosters oder des Vatikans nicht antasten mag. Unsere so gerühmte christliche Kultur hat schließlich hier ihre Wurzeln.

Im Islam hat Mohammed kirchliche Strukturen oder Mönchsgemeinschaften in Kenntnis christlicher Asketen und jüdischem Separatismus grundlegend abgelehnt. Im sunnitischen Islam, dem 90 % aller Moslems anhängen, gibt es nur den Imam, der die Gläubigen unterweisen soll, ähnlich einem christlichen Pastor oder jüdischen Rabbi. Es gibt aber keine Priesterkaste, Oberpriester, Bischöfe oder sogar einen Papst, denen die Untergebenen blinden Gehorsam leisten müssten. Imame haben Familie und meistens auch einen Beruf und handeln unabhängig. Der Kalif als religiöser und politischer Führer hatte vor allem die weltliche Aufgabe, die Gemeinschaft der Gläubigen zusammenzuhalten, wenn auch oft mit drastischen Maßnahmen. Der gläubige Moslem sollte mit beiden Beinen im Leben stehen und sich nicht den weltlichen und alltäglichen Anforderungen entziehen, wozu nicht nur Familie und Beruf gehören, sondern manchmal auch Eroberungen und Krieg. Vergleichsweise wenige Regeln wurden dem Moslem auferlegt, wenn diese auch im Laufe der Geschichte ebenfalls zu fanatischen Auswüchsen pervertierten. Der Islam kennt keinen kirchlichen Überbau mit hierarchisch strukturierter Priesterschaft und Mönchstum, die sich ganz und gar den religiösen Geboten hingeben. Fundamentalistische Moslems werden also von den meisten Moslems auch nicht als Träger der Essenz ihrer Religion wie im Juden- oder Christentum betrachtet und ihr Denken und Verhalten wird oft sogar für absolut unislamisch im Sinne Mohammeds gehalten.

Die Institution Katholische Kirche dagegen kann als absolut unchristlich im Sinne Jesu Christus angesehen werden.

Das Judentum ist im Umfeld von Krieg, Zerstörung und Deportation entstanden und war Identität stiftend für die jüdischen Männer in Krisenzeiten.

Diese strenge Unterwerfung unter die göttlichen Gesetze sollte die kleine Glaubensgemeinschaft der Juden eigentlich vor Fremdherrschaft- und Einfluss schützen, führte aber unter den Römern fast zur Ausrottung ihres Volkes. Die Verachtung der Juden für die eigentlich religiös toleranten Römer entlud sich in zahllosen Rebellionen, die einzigartig im römischen Reich waren. Das vorläufige Ende der Rebellion erfolgte 74 n.Chr. auf der Festung Massada, wo 1000 Rebellen, Frauen und Kinder kollektiven Selbstmord begangen. In dieser ausweglosen Situation flüchteten jüdische Gelehrte und Priester sogar zurück ins verhasste Babylon, wo wichtige Teile des Talmud entstanden.

Ihr Erbe aber wurde im Christentum und besonders im Papsttum im großen Maßstab wiederbelebt mit fatalen Folgen, denn nun richtete sich blinder Gehorsam, religiöse Engstirnigkeit und Fremdenfeindlichkeit direkt gegen die Juden.

Die Ur-Göttin

Die Götterwelt aller anderen zu dieser Zeit repräsentierte die vielen unterschiedlichen und auch widersprüchlichen Seiten des menschlichen Daseins im Alltag, liebenswerte und nicht liebenswerte.

Aber über allem stand seit Urzeiten die Schöpfer-Göttin, die alles Leben erschafft. Nur aus ihr heraus wuchs Leben und die Kinder der Welt waren die Kinder der Mutter. Vaterschaft spielte in diesem Zusammenhang zunächst überhaupt keine Rolle. Die Frau spann den Lebensfaden und war verantwortlich für die Existenz allen menschlichen Daseins. Auch Maria wird bei der Verkündigung des Erzengel Gabriels, dass sie schwanger ist, oft mit einer Handspindel dargestellt. Mit Erstarken des Patriarchats im 1. Jahrtausend vor Christus wurde aus der obersten Göttin, der Magna Mater, die Fruchtbarkeitsgöttin, immer noch wichtig, aber ohne den Samen des Mannes machtlos. Um der großen Bedeutung der Magna Mater aber weiterhin gerecht zu werden, wurde sie für jungfräulich erklärt, womit sie weiterhin unabhängig von dem Samen des Mannes war. Das entsprach ihrer angestammten Position als Göttin, aus der allein alles Leben kommt.

Einer der großen Göttinnen der Antike war Kybele. Der Kybele-Kult war einer der mächtigsten Mysterienkulte im Römischen Imperium. Ein Mysterienkult ist ein Kult nur für Eingeweihte und deren Rituale sind nur für Auserwählte bestimmt, die nach innerer Erkenntnis streben. Ein weiterer mächtiger Mysterienkult dieser Zeit in Kleinasien war der Mithraskult, der ausschließlich den Männern vorbehalten war. Held dieses Kultes ist Mithras, der einen Stier tötet. Opferbereitschaft und Blutzoll waren starke Komponente der Mysterienkulte. So kastrierten sich Kybele-Priester in ritueller Ekstase selbst. Laut griechischer Mythologie gebar Kybele ihren Sohn und Geliebten Attis sozusagen jungfräulich, als ein Teil von ihr aus sich selbst heraus. Attis jedoch, als er sich von Kybele lösen will, verfällt dem Wahnsinn und entmannt sich selbst. Aus dem Blut, welches auf den Boden der Erdmutter Gaia fiel, wuchs die Pinie. Der Kern dieses Mythos beinhaltet die Einsicht, dass man sich von der Großen Mutter nicht abwenden kann ohne dabei dem Wahnsinn zu verfallen. Die Pinie ist also zu griechischer Zeit, als der Götterhimmel schon längst von Zeus und anderen Männern beherrscht wurde, ein Mahnmahl, die große Schöpfer-Göttin nicht zu vergessen. Der Pinienzapfen gilt als Symbol der Erkenntnis und diese ist im Gehirn genau zu orten. Der medizinische Begriff dafür lautet `Glandula Pinealis, worin das Wort Pinie steckt, zu Deutsch `Zirbeldrüse´. Diese ist zuständig für die Vorstellungskraft des Menschen, also auch die Erkenntnis. Auch Träume sind ohne die `Glandula Pinealis´ nicht möglich. In der Metaphysik bezeichnet man die Zirbeldrüse als `Drittes Auge´, mit dem man erkennen kann, was die Sinnesorgane nicht vermögen. Der Pinienzapfen als Samen der Erkenntnis ist Attribut der im ganzen Mittelmeerraum verehrten Göttin Isis und des Dionysos, dessen Namen „Gottes Sohn" bedeutet. Sogar der Vatikan schmückt sich bis heute hier und da mit dem Pinienzapfen.

Der Sinn der Sühneopfer

Opferrituale und Sühneopfer waren für Paulus als Jude Grundlage des Vertrages mit Gott. Dass der Gott Abrahams die Menschenopfer abgeschafft hatte, indem er ein letztes Mal Abraham aufforderte, seinen Sohn zu opfern, er dann aber stattdessen einen Widder als Opfer annahm, ist eines der wichtigsten und einschneidenden Ereignisse in der jüdischen Religion. Die Opferung von Tieren, meist männliche Schafe, also Widder, wurde somit Grundlage des neuen Bundes mit Gott Jahwe. Und nicht nur der jüdische Gott forderte Sühneopfer für die Verfehlungen der Menschen.

Da Menschen nun einmal Menschen sind und sie auf Gedeih und Verderb dem kosmischen Kreislauf ausgeliefert sind, beschlich sie schon immer das Gefühl, die Weltordnung mit ihrem Handeln stören zu können, durch Tötung eines Tieres bei der Jagd zum Beispiel, durch Fehlverhalten, was den Lauf der Sonne und Gestirne zum Anhalten bewegen könnte und sie damit zum Sterben verurteilt wären. Dem zugrunde liegt eine tief empfundene Dankbarkeit über das, was ihnen die Welt und die Natur täglich zur Verfügung stellt und dass dieses ganz und gar nicht selbstverständlich ist. Erst der Gott Abrahams erklärt den Menschen zur Krönung der Schöpfung, die er sich Untertan und zu Diensten machen soll. Bis dahin war es für alle anderen eine seltsame Vorstellung, dass das ganze Wunder der Natur nur für sie geschaffen sein könnte. Die Versorgung durch die Natur musste, so glaubten die Menschen bis dahin, sicherlich seinen Preis haben, denn manchmal blieb der Überfluss aus, Katastrophen geschahen, Menschen starben und verhungerten. Und der Mensch schaute auf sich selbst zurück und fühlte sich von der Schöpfung bestraft. Das konnte nur auf ein Fehlverhalten des Menschen zurückzuführen sein, der in die göttliche Schöpfung eingegriffen hatte. Und so musste nun der Mensch, der die Pflanzen und Tiere aß, seinerseits ein Opfer an die Natur, die Schöpfung oder den Schöpfer leisten. Und was er zu bieten hatte, war nur sich selbst. Menschenopfer sind von Beginn der Zivilisation in allen Gegenden der Erde bekannt. Man könnte sagen, dass Menschenopfer ein Überlebensreflex der Menschen darstellen. Die Abschaffung der Menschenopfer im Judentum ist eines der wenigen großen Errungenschaften des neuen monotheistischen Glaubens. Gleichzeitig dem zugrunde liegt die Annahme, dass der Mensch ein anderes Wesen für sich sterben lassen kann, wie hier der Widder. Aber genau dieses ist nach uralter Auffassung eben die Sünde, die es zu sühnen gilt. Der Mensch ist nicht mehr Wert als jedes andere Lebewesen auf der Welt auch und kann es einfach anstelle seiner selbst der kosmischen Ordnung opfern. Das wäre nach steinzeitlicher Auffassung größenwahnsinnig, anmaßend und betrügerisch. Aber das Verletzen der kosmischen Ordnung durch menschliches Verhalten, und das dieses geschah, davon war man überzeugt, musste gesühnt werden, da gab es keinen Ausweg. Wichtig dabei war nicht die Tötung an sich, sondern das Vergießen des Blutes, dieses Lebenssaftes, der die Erde zum Gedeihen und Blühen bringt. Nur der Lebenssaft düngt die Erde und macht sie fruchtbar. Wie ist man darauf gekommen?

Das Blut der Frau

In Göbekli Tepe, dem ersten Tempel der Menschheitsgeschichte aus dem 10. vorchristlichen Jahrtausend, ist in Südost-Anatolien die Abbildung einer Frau zu sehen, aus deren Vagina bei breit auseinander gestreckten Beinen Blut fließt.
Vor 12.000 Jahren waren die Menschen kurz nach der letzten Eiszeit noch weit davon entfernt, sesshaft zu werden. Europa war noch zum großen Teil unter Eis bedeckt. Die Menschen zogen in kleinen Trupps durch die Gegend und aßen, was sie fanden, lebten in Höhlen,

natürlichen Unterschlupfen oder einfach schnell erbauten Hütten. Der Fund des Tempels von Göbekli Tepe hat die Fachwelt zutiefst erschüttert, wirft sie ja die komplette neolithische Revolution über den Haufen, die man bisher auf Jahrtausende später datiert hatte. Die ersten fest gebauten Häuser der Welt fand man in Catal Höyük, ebenfalls in der Türkei, und sie sind ganze 3000 Jahre jünger und damit der erste Beweis für Sesshaftigkeit. Menschen kennen keine festen Ansiedlungen und Häuser, bauen aber einen Tempel von erheblichem Ausmaß? Die herangeschafften und bearbeiteten Steinblöcke haben Tonnen gewogen, 7000 Jahre vor den Pyramiden! Die Reliefs auf den Stelen zeigen Tiere, die Stelen selbst scheinen Menschen darzustellen. Die Deutungen der Stelen und Reliefs von Göbekli Tepe sind in Arbeit und es wird spannend zu erfahren, was die Menschen sich dabei wohl gedacht haben könnten. Bisher ging man davon aus, dass Männer und Frauen, Alte und Kinder also in kleinen Clans zusammenlebten und versuchten zu überleben. Man jagte, sammelte, aß, schlief und hatte Sex, je nach Bedürfnis und wie es gerade kam. Dass Sex etwas mit der Geburt eines Kindes zu tun haben könnte, war noch nicht ganz schlüssig. Wie sollte man das auch nach einer unbekannten Zeitspanne zurückverfolgen. Wieso wurde die Frau plötzlich dick? Was hatte sie gegessen? Und nicht nur das:

Man halte sich nur einmal vor Augen, dass eine Frau, immer wenn der Mond gleich am Himmel steht, ein ganzes Gefäß mit ihrem eigenen Blut füllt, ohne dabei zu sterben. Und das größte aller Wunder geschah, wenn aus derselben Öffnung irgendwann, nachdem sie aus irgendwelchen Gründen immer dicker und dicker geworden war, ein vollständiger Mensch auf die Erde plumpste. Was ist diese Frau für ein Wesen? Sie muss überirdisch sein, göttlich eben. Ansonsten war sie wie alle anderen Menschen auch, zickig, streitlustig, eitel und stur. Aber in aller Regelmäßigkeit schenkte sie der Sippe einen neuen Menschen und dazwischen blutete sie wie ein Tier, dass man die Kehle durchgeschnitten hatte.

Aus den noch zunächst unbeholfenen kleinen Menschen, die die Frau aus sich herausdrückte, wuchsen wackere Jäger und fleißige Sammlerinnen heran und machten der Sippe alle Ehre und erst das Überleben derselben möglich. Die Quelle der Schöpfung des Menschen war nicht ein bärtiger Gott im Himmel, sondern die Frau und zwar jede Frau. Was haben sich die Menschen wohl dabei gedacht? Sicher nicht: ´Ok wenn sie blutet ist sie besonders zickig!´ Und wenn sie einen ganzen Menschen unter Schmerzen durch diese enge Öffnung presst, flucht und schreit sie, ist aber anschließend von Glücksgefühlen durchflutet und bereit, das neue Menschenwesen selbst mit ihrem Leben gegen alles und jeden zu verteidigen und entwickelt dabei solche Bären- und Willenskräfte, dass selbst der stärkste Jäger das Fürchten bekommt.

Der große Psychoanalytiker Freud vermutete, dass alle Frauen den Penisneid haben. Er hatte sich nicht nur darin geirrt. Die Hysterie von jungen missbrauchten Mädchen deutete er in der Weise, dass diese deshalb hysterisch seien, weil sie mit ihrem Vater schlafen wollten, statt den Missbrauch dafür verantwortlich zu machen. Wie auch im Fall der Hysterie vergewaltigter Mädchen liegt die Sachlage beim Penisneid genau anders herum. Nicht die Frauen beneiden die Männer um ihren Penis, sondern die Männer beneiden die Frau um ihre monatliche Blutung, zu mindestens haben sie ganz seltsame Gefühle dafür. Ohnmächtig und mit einem kalten Schauer des Respekts stellen sie monatlich fest, dass die Frau trotz des großen Blutverlustes guter Dinge weiterlebt, sich um Kinder und

Garten kümmert und manchmal sogar genau dann Sex haben will. Das muss die Männer nicht nur verwirrt haben, dass hat sie zutiefst beeindruckt. Das Blut rann in den Boden und irgendwann kam ein neuer Mensch aus dieser Frau heraus. Was sollte man davon halten? Hatte das Blut der Frau, das sie monatlich der Erde brachte, mit dem Wunder der Geburt, der Schöpfung schlechthin zu tun?

Blut war also notwendig, um die Sippe am Leben zu halten, den Kreislauf der Natur zu bewahren. Die Frauen brachten ihren Anteil, nur die Männer nicht, die standen fassungslos daneben und beschlossen, auch sie müssten ein Blutopfer bringen, nur jagen und essen konnten nicht genug sein zum Erhalt der sie so verwöhnenden Natur. Das Menschenopfer war aber der letzte Ausweg der durch Leid geprüften Menschen, um der kosmischen Ordnung zu signalisieren, wir nehmen nicht nur, wir geben auch das Liebste und Wertvollste, was wir können, damit wir alle überleben werden. Tatsächlich sind in der Steinzeit alle Menschenopfer männlich und die späteren Tieropfer auch. Die Frau gibt Leben und auch der Mann gibt Leben, nämlich sein eigenes, um der Natur als Sühne seinen eigenen Lebenssaft zu opfern.

Und somit ist vielleicht auch das weit verbreitete Ritual der Selbstkastrierung, nicht nur der Kybele-Priester, zu erklären. Wie bei einer Frau floss Blut in den Boden, nur dass der Mann daran verblutete. Die harmlosere Variante wurde die Beschneidung, die bereits Jahrtausende vor den Juden im ganzen Nahen Osten üblich war. Die älteste Darstellung einer Zirkumzision befindet sich im ägyptischen Sakkara 2300 vor Christus. Unter Schmerzen soll der Mann ein Stück seiner Haut opfern, an einer der empfindlichsten Stellen, an der die Haut auch nicht nachwachsen konnte und keinen Schutz mehr bot, in

Wüstenregionen mit all dem feinen Sand auch ein Leben lang ein echtes Opfer. Zumindest das Überleben des Mannes wurde dadurch in den meisten Fällen gewährleistet.

Laut der Mythen des Judentums forderte Gott von Abraham, nachdem er statt seinen Sohn Isaak einen Widder opferte, den neuen Bund mit ihm zu besiegeln, indem Abraham sich beschneiden lassen sollte: „..denn nun weiß ich, dass du Gott fürchtest!" soll Gott zu Abraham gesagt haben. Die Beschneidung ist also ein Zeichen des Bundes zwischen dem Volk Israel und einem Gott, der sich ganz eitel die Gottesfurcht schon mal hier und da beweisen lässt. Ohne jeden erkennbaren Grund verlangte Gott vom greisen Abraham die Abschlachtung seines einzigen Sohnes, zeigte sich dann aber gnädig. Das Menschenopfer sollte bis dahin in Extrem-Situationen Katastrophen für alle Menschen abwenden und galt als Geschenk an die Götter. Im Judentum sollte Abraham einfach nur beweisen, dass er Gott fürchtete. Mit der dann folgenden Forderung zur Beschneidung sollte schließlich jeder einzelne Jude bezeugen, dass er Gott bedingungslos gehorchen würde. Das Sühneopfer als Zeichen des Gebens und Nehmens in einer gemeinsamen Welt wich dem kalten Postulat zum blinden Gehorsam. Und warum will Gott einen Bund ausschließlich mit Abraham und seinem ganz eigenen auserwählten Volk? Fühlte er sich einsam? Schließt ein Bündnis nicht immer andere aus? Wie kann dann so ein Gott der einzige und vor allem der Schöpfergott sein?

Blut und Paradies

Dass aus dem vergossenen Blut des Attis die Pinie erwächst, das Symbol für Erkenntnis, führt uns zur Bedeutung des Paradieses. Das Blutopfer beinhaltet die Erkenntnis, dass paradiesische Verhältnisse nur dann weiterhin bestehen, wenn sich der Mensch als Teil der Schöpfung sieht. Vergreift er sich zu sehr an der Schöpfung, wird das das Ende der Sorglosigkeit bedeuten. Die Erkenntnis ist, dass der Mensch sich nicht einfach so bedienen kann in der Natur, sondern verantwortungsvoll damit umgehen soll.

Der mächtige Gott Abrahams bestimmt dann in der Schöpfungsgeschichte, dass der Mensch als Krone der Schöpfung Herr über die Natur ist, er bedingungslos von allem nehmen kann, wie er will. Nur der eine Baum des ewigen Lebens und der Baum der Erkenntnis sollen im Paradies unangetastet bleiben. Da der Mensch nun von Gott in die Lage versetzt wurde, ohne Reue die Natur für sich zu nutzen, also ohne Ausgleich mit Opfergaben und ohne sich erkenntlich oder dankbar zeigen zu müssen, da wurde er gierig.

Was passiert, wenn man alles haben darf, nur das Eine nicht? Man will nur noch das Eine! Eigentlich eine Gemeinheit von Jahwe, der seinen Menschen alles zur Verfügung stellte bis auf diese beiden Bäume, die sie nicht anrühren dürfen. Denn Jahwe forderte für das Paradies Gehorsamkeit und die wollte er auch gleich testen. Aus der Notwendigkeit, im Einklang mit der Natur zu leben, wurde die Notwendigkeit, Gott zu gehorchen. Da aber die Erkenntnis fehlte, so gierten sie nach dem Baum der Erkenntnis, der aber Gott vorbehalten war. Der Rausschmiss war psychologisch vorprogrammiert. Man kann sagen, Gott hat den gierigen verwöhnten Menschen eine Falle gestellt und sie sind glatt reingetappt. Ende des Paradieses. Ab jetzt nur noch Leid und Schmerz. War das von Jahwe so beabsichtigt? Ist der Baum der Erkenntnis, der zum ersten Sündenfall wurde, eine Metapher dafür, dass die unendliche Gier des Menschen vor nichts zurückschreckt? Erkenntnis jedoch erlangten Adam und Eva trotzdem nicht. Warum eigentlich nicht, obwohl sie doch vom Baum der Erkenntnis gegessen hatten? War das ein Fake? Eben nur ein Gehorsamkeitstest von Jahwe? Der Baum der Erkenntnis eine Attrappe?

Naiv und dumm waren sie im Paradies umhergelaufen, waren sich ihrer selbst nicht bewusst und mussten auch keine Verantwortung übernehmen.

Der Baum der Erkenntnis brachte keine Erkenntnis, nur Schuld- und Schamgefühle. Verantwortungslosigkeit und Gier blieben dem Menschen auch außerhalb des Paradieses erhalten.

Dennoch bleibt eine Ahnung, dass Erkenntnis möglich sein könnte, ein Versprechen sozusagen.

Die Kirche ist strikt gegen Erkenntnis! Wenn der Papst seinen Schäfchen im Mittelalter erklärte, dass Bücher, außer der Bibel auf Lateinisch, das Lesen an sich und überhaupt alles Streben nach Wissen Sünde ist und deshalb streng verboten, hat er sich sicherlich auf diesen Fall bezogen, genauso wie bei der massenhaften Büchervernichtung. Sei gehorsam und frage nicht zuviel! Das ist die Erkenntnis aus dem Sündenfall für die Institution Kirche.

Jesus als Sühneopfer am Kreuz

Kommen wir nun zurück zu Jesus, dessen Tod am Kreuz bei den Christen auch als Sühneopfer gesehen wird. Den Juden war das menschliche Sühneopfer allerdings inzwischen völlig unbegreiflich und unverständlich, ihr jährliches Abschlachten der Widder in Erinnerung an Abraham war wie die meisten zahlreichen Gesetze des Judentums ein inzwischen nicht mehr verstandenes hohles Ritual, das nur einen Sinn hatte, nämlich den Gehorsam unter die jüdischen Gesetze zu demonstrieren. Erst recht wäre nie ein Messias am Kreuz gestorben, sondern hätte als strahlender Sieger die Offenbarung verkündet.

Für den Juden Paulus war aber gerade der Kreuzestod als Sühneopfer der entscheidende Dreh- und Angelpunkt im christlichen Glauben.

So hat nach christlichem Glauben Gott das Liebste was er hatte, seinen eingeborenen Sohn, für die Menschen geopfert. Dieses wirft einige Fragen auf. Nicht der Mensch opfert als Sühne seiner Verfehlungen einen der ihren, um Gott gnädig zu stimmen. Gott opfert seinen Sohn, um die Menschen zu erlösen. Das ist absolut neu! Was hat Gott getan, dass er sich den Menschen so anbiedert? Er hat sie aus dem Paradies geschmissen! Das war zwar nach jüdisch-christlicher Lehre die Schuld der Frau, aber rausgeschmissen hat der Liebe Gott und die Menschen dadurch in Leid und Elend gestürzt. Soviel Macht kann eben auch eine Frau nicht haben.

Der Gott der Juden war streng und strafend und ihm gebührte das Sühneopfer. Der Gott der Christen zeigte sich gnädig und hatte Erbarmen mit den leidgeprüften Menschen, ihre Sünden sollten für alle Zeiten vergeben sein, von Anbeginn der Menschen. Nun wird es kompliziert. Also ist Jesus als Mensch am Kreuz gestorben und hat gelitten zur Vergebung der Sünden aller Menschen. Gleichzeitig war er Gottes Sohn, der ihn für die Menschen opferte, um ihn anschließend in den Götterhimmel zu seiner Rechten zu plazieren. Geopfert wurde Jesus also von Gott und getötet von den Menschen. Eine verkehrte Welt, möchte man meinen. Erhöht sich der Mensch da gerade über Gott, insbesondere da durch das Opfer Gottes dem Menschen nun alle Sünden vergeben sind, er auch keine mehr begehen kann, also die Rückkehr des Paradieses, in dem der Mensch das Abbild Gottes, also so wie Gott ist?

Das hat dann zum Glück Augustinus ein paar Jahrhunderte später mit der Erbsünde wieder richtig gestellt.

Die Erlösung naht

Paulus verspricht also mit dem Kreuzestod Jesu die Rückkehr des Paradieses, in dem es weder Sünde noch Tod gäbe. Dieses sollte in naher Zukunft stattfinden, ganz ähnlich wie Jesus und Johannes der Täufer das nahe Ende der Welt verkündet hatten. Dafür allein sollte der Glaube an Jesus Christus reichen. Die Einhaltung von Gesetzen, besonders jüdischen Gesetzen war dafür nicht notwendig, was den Bruch mit dem Judentum zur Folge hatte, insbesondere weil Paulus sogar die Beschneidung für nicht mehr notwendig hielt. Der Glaube an die Erlösung allein würde zur Erlösung führen.

Für Paulus war nicht das Leben und Wirken Jesu von Bedeutung wie später für die Evangelisten, sondern allein der Erlösungsgedanke durch seinen Tod. Was bedeutete das nun im damaligen Römischen Reich? Zunächst erst einmal gar nichts, denn Paulus war zu Lebzeiten nicht gerade erfolgreich mit seiner Mission. Es wird sogar bezweifelt, dass manche Paulusbriefe echt sind. Was um alles in der Welt hatte er den heidnischen Kelten in Anatolien zu schreiben, wo es keinerlei jüdische Gemeinde gab. Und gab es diese christliche Gemeinde der Galater überhaupt? Nichtsdestotrotz gilt er als Begründer des Christentums. Das geschah allerdings erst Jahrhunderte später. Der Erlösungsgedanke wurde zum Zugpferd des christlichen Glaubens, nicht die Nächstenliebe. Enthaltsamkeit und Armut wurden zur Voraussetzung für Erlösung. Nächstenliebe war nur insofern von Bedeutung, als man sich dadurch den Weg ins Paradies ebnete. Der christliche Glaube war also ein individueller egozentrischer Selbsterfüllungsglaube, der auch im kleinen Kämmerchen oder in der Mönchsklause praktiziert werden konnte. Durch das Gebot der Armut war dem einzelnen auch jede Möglichkeit der politischen Einflussnahme genommen. Der Christ sollte sich in Kontemplation von der Welt zurückziehen. Jeder konnte so Erlösung finden, das war eine echte Verheißung in harten Zeiten. Und besonders an gesellschaftliche Ketten Gebundene wie Sklaven und Frauen sahen darin endlich einen Ausweg aus ihrer Misere ohne die Umstände, in denen sie lebten, ändern zu müssen. Und niemand war für die diesseitige Welt verantwortlich, man konnte sich einrichten und auf Erlösung einstellen, dazu brauchte man keinen Nachbarn und die Welt konnte einem egal sein, wenn auch Gutes zu tun eine echte christliche Tugend war. So wollten die ersten Christen weder heirateten noch sonstwie am gesellschaftlichen Leben teilnehmen. Sie schlossen sich ein, gingen in die Wüste oder verkrochen sich in Höhlen und warteten auf

Erlösung. Sie marterten sich mit Hunger und Kälte, liefen in Lumpen herum und entsagten allem Weltlichen, das sollte die Erlösung beschleunigen. Und was brauchte man schon fürs Paradies? Frauen erwarteten ihren Bräutigam Jesus inständig in der anderen Welt und für Männer, die sich kasteiten und sexuell entsagten wurde Maria immermehr zur Königin ihrer Erlösungswünsche. Mit fassungslosem Erstaunen sahen die römischen Christenverfolger der ersten Jahrhunderte, wie Christen singend und fröhlich in den Tod gingen. Für sie war das Ziel erreicht, der Tod war die Eintrittskarte ins Paradies. Warum die ersten fanatischen Christen nicht massenweise Selbstmord begangen, bleibt ein Rätsel, dennoch hungerten oder quälten sich genügend zu Tode. Das Christentum blieb im Römischen Reich im 1. Jahrhundert zunächst eine skurrile Randerscheinung. Sie bauten weder Kirchen noch nahmen sie politischen Einfluss.

Der Erlösungsgedanke des Paulus schlug ein wie eine Bombe und spätere Evangelisten bezogen sich auf die Paulusbriefe. Die Kreuzigung und die Erlösung dadurch wurden zur Schmelzmasse christlichen Glaubens und im 5. Jahrhundert von Augustinus und schließlich von Luther als das entscheidende Kernstück des Christentums angesehen. Aber bis dahin war noch ein weiter Weg und nicht nur unzählige Evangelisten versuchten die Essenz der christlichen Glaubenslehre zu begreifen sondern die gelehrte Welt der Antike beschäftigte sich in Denkerschmieden wie Alexandria, Rom und Athen mit dem Phänomen Jesus. Wer war Jesus, ein Mensch, ein Gott, beides?

Der Märtyrertod macht das Christentum berühmt

Der Märtyrertod der Christen war in aller Munde. Letztendlich sind nur einige Tausend Christen den Märtyrertod im Römischen Reich gestorben, eine verschwindend geringe Zahl im Vergleich zu den Opfern christlicher Gotteskrieger der darauffolgenden Jahrhunderte unter Anleitung der christlichen Kirche. Nur gekreuzigt wurden die Märtyrer anscheinend nicht mehr, denn das Marterkreuz war nun ein heiliges Symbol für Jesus Christus. Ein gekreuzigter Märtyrer war einfach undenkbar für die christliche Legendenbildung, obwohl doch das die gängige Hinrichtungsform der römischen Justiz für Nichtrömer war. Laut Märtyrerlegenden wurden sie geköpft, gerädert oder in heißes Öl getaucht. Nur die Legende von Petrus besagt, dass er in Rom gekreuzigt werden sollte und Petrus bemerkte, dass er nicht wert wäre wie der Heiland zu sterben, weswegen man ihn kopfüber ans Kreuz nagelte. Ausgenommen waren die durch Kaiser Nero in Massen hingerichteten Christen von Rom, die für den Brand Roms verantwortlich gemacht wurden, aber diese Christen starben namenlos, wurden also keine berühmten Märtyrer.

Die Ausbreitung des Christentums wurde zunächst nicht erreicht durch die Schriften und Reisen eines Paulus oder der Evangelisten oder der ersten Bischöfe, Theologen, Kirchenväter und deren komplizierten Gedanken-gebäuden, sondern durch die beeindruckende Stand-festigkeit fanatischer Christen in der Folter und dem Tod. Das sprach sich herum.

Christen ließen sich martern und töten, weil sie den Kopf nicht vor dem göttlichen römischen Kaiser senken wollten und die römischen Götter mit Verachtung behandelten. Unter den ersten Märtyrern sind zahlreiche römische Soldaten. Der bekannteste von ihnen ist der Heilige Georg, später von den Kreuzfahrern der Drachentöter genannt. Für Soldaten des römischen Heeres gab es aus disziplinarischen Gründen aber kein Pardon, wenn sie die Ausübung des Kaiserkultes verweigerten oder römische Götterstatuen sogar angriffen, wie in den Legenden beschrieben. Diese grundsätzliche Ablehnung und Negierung anderer Götter war ein rein christliches Phänomen, geboren aus dem Judentum.

Aber Frauen als Märtyrer wurden aus ganz anderen Gründen einen Kopf kürzer gemacht: Sie verweigerten die Heirat mit einem Mann, wollten Jungfrau bleiben und hielten sich für die Braut Christi. Sie wurden dann auch weniger von der römischen Justiz ermordet als von ihren brüskierten Verehrern, die Zurückweisungen nicht gewohnt waren, und sogar von den eigenen Vätern, die ihre Töchter natürlich gewinnbringend unterbringen wollten. Denn sie alle waren schön und kamen aus gutem Hause. Das Schicksal erfuhr die Heilige Margarete, die Angebote ihres eigenen Richters zurückwies. Die Heilige Barbara wurde von ihrem Vater aus diesen Gründen erst in einen Turm gesperrt und dann geköpft. Die Heilige Katharina soll sogar den römischen Kaiser zurückgewiesen haben, weshalb man sie rädern und dann köpfen ließ.
Die Heilige Thekla, erste Märtyrerin der Christenheit überlebte wie ein Wunder, wurde aber von der Familie verstoßen und verbrachte den Rest ihres Lebens in einer Höhle.

Antisemitismus ist christliches Programm

Das Volk der Juden war im 2. Jahrhundert in alle Winde verstreut und Judäa von den Römern so gut wie entvölkert. Das jüdische Erbe des Christentums spielte deswegen immer weniger eine Rolle. Stattdessen versuchte man, den paulinischen Erlösergedanken mit dem griechischen und ägyptischen Erbe zu verbinden. Auch mochte man den Römern dabei nicht auf die Füße treten. Zugunsten einer Anbiederung an die römische Macht wurde das Judentum immermehr verunglimpft und schließlich sogar als der Feind des Jesus hingestellt. Nicht die Römer hatten Jesus getötet, sondern die Juden. Dass ausgerechnet ein Jünger mit dem Namen Jehuda (Judas), also stellvertretend für das ganze jüdische Volk, zum Verräter wurde, während ganz unwahrscheinlich der selbst bei den Römern als besonders skrupellos geltende Pontius Pilatus seine Hände in Unschuld wusch, war die Entsprechung dafür und Grundlage antisemitischer Ausschreitung für die nächsten 2000 Jahre. Selbst noch Luther war glühender Antisemit und wollte die Juden am Liebsten alle tot sehen. Der Hass auf die Juden als vermeintliche Mörder von Jesus ist dann die sich entladende böse Seite des Christentums, die andere aber psychologisch notwendige Seite der Medaille.

Das ewige Warten auf die Erlösung und das Himmelreich ist frustrierend und aus Frustration erwächst Aggression und muss sich entladen. Auf kirchlichen Fresken wurde das Böse der Juden auch bildlich für jedermann sichtbar und verständlich manifestiert. Bis heute erklärt jeder Fachkundige die Szene des Verrats ohne dabei ein mulmiges Gefühl zu bekommen.

Noch heute werden zu den österlichen Feiertagen Puppen erhängt, verbrannt oder erschossen, die Judas darstellen sollen, wie hier in Mexiko. Als Jude sollte man diesen ausgelassenen Feierlichkeiten fern bleiben.

Bis ins 19. Jahrhundert galt die Bibel als das Wort Gottes. Die Texte wurden rezitiert ohne sie zu hinterfragen, das wäre Gotteslästerung gewesen. Also überging man für Jahrhunderte die vielen Ungereimtheiten und Widersprüche ehrfürchtig vor dem Wort Gottes. Die ersten, die es wagten, drohte der Ketzertod.

Der Verrat - Alibi für einen 2000 Jahre währenden Hass

Eine der wichtigsten Geschichten über Jesus ist der Verrat des Judas und hat unser Bild vom Bösen tief geprägt. In Deutschland ist es verboten, sein Kind Judas zu nennen.

Doch jedes Kind, das aufmerksam der Geschichte zuhört, hätte sofort einige Verständnisfragen.

Beschreiben wir die Szenen mal nicht mit den biblischen Worten, sondern mit unseren Worten, wie wir sie verstehen:

Jesus und seine engsten Freunde und langjährige Begleiter, die ihm näher sind als seine eigene Familie, mehr Wert sogar als seine Mutter, treffen sich wie so oft zum Abendessen. Das gemeinsame Essen stärkt das Gemeinschaftsgefühl, man kommt zur Ruhe, stillt seinen Hunger und kann in gelöster Stimmung Probleme und Alltägliches besprechen, wie in jeder normalen Familie auch. Ein Glas Wein zu heben mit einem Trinkspruch ist bis heute der Inbegriff von Zusammengehörigkeit. So geschah es auch in Jerusalem, kurz vor dem wichtigsten aller Feste, dem Pessachfest.

Stellen wir uns die Szene in unserer Familie zum Heiligen Abend vor, dann haben wir ungefähr die besondere Stimmung, die dort geherrscht haben musste. Wie es bis heute im Orient üblich ist, nimmt sich jeder etwas von dem Brot und stippt es in eine gemeinsame Schüssel. Das Brot, eine Schüssel mit Essen und der Wein werden geteilt, was ein wohliges Gefühl von Vertrautheit und Gemeinsamkeit vermittelt. In dieser Situation ergreift Jesus das Wort und erklärt, dass einer seiner liebsten Gefährten aus dieser Runde ihn verraten wird. Man stelle sich das Weihnachtsfest vor und die Mutter erklärt ihrer Familie just in dem Moment, als alle genüsslich zum Weihnachtsbraten greifen, dass eines ihrer Kinder, das sich gerade das dickste Stück Braten nimmt, sie bald töten werde. Ich schätze, der Weihnachtsabend wäre gelaufen, ein Schock, Fragen, Geschreie, Anfeindungen, Vorwürfe, vielleicht sogar Gerangel und Prügelei.

Nichts von all dem passiert beim letzten Abendmahl. Judas gibt sich sogar zu erkennen, in dem er das Brot ungerührt in die dampfende Schüssel tunkt.

Die Jünger sind bestürzt und essen weiter, treffen weder Vorkehrungen gegen den Verrat noch stellen sie den Schuldigen. Das Abendessen geht ohne weitere Vorkommnisse seinen Gang. Danach legt man sich zur Ruhe. Jesus bittet seine Freunde, doch noch etwas mit ihm wach zu bleiben, ihn nicht allein zu lassen. Er hat panische Furcht, schwitzt sogar Blut vor unerträglicher Todesangst, aber die Jünger schlafen ein. Dann Aufruhr im Garten, wo sich alle außer Jesus zur Ruhe gelegt haben. Die Vertreter des obersten jüdischen Gerichts, angeführt vom Hohepriester Kaiphas, betreten die Szene, voran schreitet einer der engsten Freunde Jesu. Nur Petrus stellt sich zu Jesus, die anderen bleiben im Hintergrund und rühren sich nicht. Dass die Sanhedrin, die von der römischen Gerichtsbarkeit unabhängig handelnden jüdischen Vollstrecker, nach Jesus Angriff und Verwüstungen im Tempel nicht kommen, um Jesus schöne Feiertage zu wünschen, ist jedem klar. Auf diese Gotteslästerung steht die Steinigung, Jesus Leben ist bedroht. Bedarf es da noch eines Verrats? Und wie schändlich ist dieser Verrat durch einen Kuss! Warum dieser Kuss? Zurück zu unserem Weihnachtsfest: Mutter ist verzweifelt, zu Tode betrübt, aber die Kinder gehen ins Bett. Dann erscheint der böse Bruder tief in der Nacht, gibt in Anwesenheit seiner Geschwister, die von der Unruhe inzwischen wach geworden sind, seiner Mutter einen Kuss und stößt ihr dabei ein Messer in den Rücken. Was tun die anderen Kinder? Sie rühren sich nicht vom Fleck und laufen dann kopfüber davon, weil sie Angst vor ihrem gewalttätigen Bruder haben, keiner verteidigt die Mutter! Die Mutter wird dem Tode nahe ins

Krankenhaus gebracht, aber aus Angst vor dem Bruder begleitet sie keiner.

Jesus ist nun Gefangener der jüdischen Priesterschaft, die in diesem Fall des Tempelfrevels kurzen Prozess machen könnte, wie sie es üblicherweise tun. Die Römer mischen sich in jüdische Angelegenheiten nicht ein. Selbst Pontius Pilatus, ein im ganzen Römischen Reich wegen seiner Grausamkeiten berüchtigter Statthalter, der keine Probleme hat, Tausende von Menschen ohne Prozess ans Kreuz nageln zu lassen, ist angewiesen, jüdische Gefühle möglichst nicht zu verletzten. Das jüdische Volk galt zu dieser Zeit als das rebellischste im ganzen Römischen Reich und es genoss daher eine gewisse Autonomie wie kein anderes. Die Römer fürchteten vor allem in Judäa ständig Revolten. Der von Jesus verursachte Tumult im Tempel wird aber von den Römern, deren Kaserne direkt neben dem Tempel steht, gar nicht wahrgenommen.

Die jüdische Priesterschaft jedoch verurteilt Jesus nicht, sondern übergibt ihn der römischen Justiz. Warum? Römer kreuzigen keine jüdischen Gotteslästerer, sondern rebellische Sklaven und Unruhestifter. So bekommen sie den Hinweis, dass sich Jesus „König der Juden" nennen würde, was klare politische Rebellion bedeutet und damit Grundlage einer Verurteilung am Kreuz wäre. Aber Pontius Pilatus soll Gewissensbisse gehabt haben, verteidigt Jesus sogar gegen das jüdische Volksgeschrei, das seinen Kreuztod fordert. Pilatus fügt sich und wäscht seine Hände in Unschuld. Das klingt ziemlich unwahrscheinlich! Und ganz unwahrscheinlich ist, dass der persönliche Einsatz des römischen Stadthalters für Jesus sowie der ungeheuerliche Frevel im Tempel weder von den Juden noch den Römern, beide akribisch in der

Dokumentation aller Ereignisse, nicht irgendwo Erwähnung finden würde.

Ist diese ganze Geschichte um den Verrat des Judas ein Konstrukt der Evangelisten, um sich bei den Römern im 1. und 2. Jahrhundert anzubiedern?

Jesus wird von der römischen Justiz wie Tausende andere Banditen, nichtsnutzige Umherziehende mit gefährlichen Reden, Mörder und aufsässige Sklaven getötet und seine Leiche wie ein Kadaver in die Grube geschmissen. Dass Jesus auf Wirken des Josef von Arimathäa ein eigenes Grab bekam, halten Historiker angesichts der gut dokumentierten Praxis der Römer in diesen Fällen für ausgeschlossen, insbesondere da Jesus offensichtlich ein Niemand war. Vielleicht hätte ein Johannes der Täufer wegen seiner Popularität dieses Zugeständnis bekommen, aber für Jesus setzte sich keine aufgebrachte Masse ein, seine Jünger flohen Hals über Kopf und verleugnen ihn. Normalerweise ließen die Römer die Gekreuzigten zur allgemeinen Abschreckung sogar am Kreuz hängen, bis die Geier sie fraßen. Auf das anstehende Pessachfest jedoch nahmen die Römer Rücksicht und die Gekreuzigten mussten vorher abgenommen werden.

So ist dann auch die Geschichte von Jesus Einzug in Jerusalem, seine Randale im Tempel ausgerechnet vor dem Passachfest und seine Festnahme im Beisein der Jünger im Garten Getsemani mit großer Wahrscheinlichkeit Legende.
Aber die Kreuzigung und die Umstände sind Hauptbestandteil christlichen Glaubens. Das Marterholz wurde in Anlehnung an das seit Jahrtausenden verehrte Kreuzzeichen zum Erkennungszeichen der Christen. Wie

konnte ausgerechnet eine schändliche Kreuzigung eine derartiger Bedeutung erlangen und zum Erlöserglauben schlechthin avancieren? Was hat Jesus getrieben, in das für Galiläer und Wanderprediger so gefährliche Jerusalem zu gehen, in dem ganz besonders zum jährlichen jüdischen Passachfest die richtende Hand der Römer extrem nervös und locker war, erwartete man schließlich Hunderte von Erlösergestalten, die nichts lieber taten, als die Römer von ihrem gelobten Land zu vertreiben, beseelt vom kommenden Himmelreich jedes Risiko eingehend; die Massen einheizend konnte es daher sehr schnell zur nicht mehr zu kontrollierenden Revolte kommen. Deswegen hatten die Römer auch den berüchtigten Pontius Pilatus zum Statthalter erkoren, der sich durch Grausamkeit und Radikalität hervorgetan hatte. Unter ihm soll Judäa wegen der Produktion von Kreuzen geradezu entwaldet worden sein. Jedoch mahnte die römische Obrigkeit, besonnen mit den religiösen Gefühlen der Juden umzugehen, weswegen das Verbot eines so großen religiösen Festes außer Frage stand und garantiert zur Revolte geführt hätte. Die Römer waren also an diesem Tag des jüdischen Passachfestes besonders auf der Hut, feierten die Juden ja schließlich den Auszug aus Ägypten und den Sieg über den ägyptischen Pharao, den sie mit seiner ganzen Armee im Meer ersaufen ließen, was sicherlich nicht nur fanatische Rebellen inspirierte.

Aus dem Juden Jesus wurde schließlich Jesus Christus, den die Juden schändlich verraten und umgebracht hatten und dieser verkündet nun laut Evangelien: "Gebt dem Kaiser, was des Kaisers ist!", und alle anderen sollten in Demut und Armut auf das Himmelreich warten. Das hörte sich sogar für die nervösen Römer ziemlich gut an!

Die Evangelisten beziehen sich auf vorchristliche Schriften

Was hat die Evangelisten Jahrzehnte später dazu bewogen, aus der historisch nicht zu fassenden Gestalt Jesu eine Heilsgeschichte zu konstruieren? Außerdem widersprechen sich die 4 Evangelien der Bibel, Markus, Matthäus, Lukas und Johannes in vielen Punkten. Als der römische Papst Damasus I den Kirchenvater Hieronymus im 4. Jahrhundert mit der Übersetzung der griechischen Bibel ins Lateinische und dem Abgleich der 4 Evangelien beauftragt, fühlt sich Hieronymus angesichts der erheblichen Ungereimtheiten etwas überfordert. Der Papst weist ihn an, ein bisschen kreativ zu sein.

Aber erst die Funde weiterer Schriften fast 2000 Jahre später werfen ganz andere Fragen auf und lassen den Heiland in einem völlig neuen Licht erscheinen.

1945 fand man in der Wüste Ägyptens in Nag Hammadi verschiedene Papyri aus dem 2. nachchristlichen Jahrhundert, die die alten christliche Themen behandeln, dies aber in ganz anderer Form, darunter auch das Thomas- und das Phillipus-Evangelium. 1947 werden in Qumran Schriftrollen gefunden, unter anderen die vollständige Jesaja-Rolle aus dem 2. Jahrhundert vor Christus. Diese Funde, erst in den letzten Jahrzehnten aus mysteriösen Quellen der Wissenschaft zugänglich, wurden nun aufwendig und teuer restauriert, übersetzt und von Experten ausgewertet und stellen die bisherige Bibelforschung auf den Kopf. Dass sämtliche Evangelien keine historische Darstellung des Leben Jesu beabsichtigten, sondern der damaligen Zeit entsprechend eine Mission und ein Glaubensbekenntnis darstellen, ist hinlänglich bekannt. Die meisten Geschichten sind erfunden, blumig ausgeschmückt und sollen den Leser von etwas überzeugen. Die Frage ist: Warum und von was sollte der Leser überzeugt werden und gibt es einen wahren Kern? Dazu benötigt man Kenntnisse über das Umfeld und die Zeit der Evangelisten. Erschwerend hinzu kommt die Tatsache, dass keiner der Autoren der Evangelien bekannt ist. Namen wie Markus, Matthäus, Lukas und Johannes sind Fantasienamen und können auf keine historische Gestalt zurückgeführt werden. Auch herrscht unter Experten Uneinigkeit darüber, wann die Evangelien verfasst wurden. Nur die Art der Evangelien lassen spekulativ auf die Herkunft der Autoren schließen. Also wird heute versucht, nicht mit aller Gewalt dem Inhalt eine historische Basis abzuringen: Kam Jesus tatsächlich aus Nazareth, ein kleines Dorf mit 200 Einwohnern? Gab es eine Volkszählung, die die Menschen dazu zwang, viele Kilometer entfernt von ihrer Heimat die Stadt ihrer Geburt aufzusuchen? Ist Jesus in Bethlehem geboren? Gab es den Tempelfrevel in Jerusalem? Und ganz entscheidend: Ist Jesus gekreuzigt worden?

Über all diese von den Evangelien aufgestellten Behauptungen gibt es große Zweifel, ganz zu schweigen von Jesu Wundertaten. Was ist also die Kernaussage der Autoren der Evangelien, was haben sie mit ihren Berichten versucht zu vermitteln?

Was die Behauptungen über das Leben Jesu betrifft, war entscheidend der Fund der vollständigen und sehr gut erhaltenen Jesaja-Rolle in Qumran 1947:

Diese 200 Jahre vor Jesus Geburt verfasste Schrift beinhaltet frappierende Übereinstimmungen mit den Ereignissen in Jesu Leben.

Jesaja war ein Prophet des Alten Testaments und lebte 700 v. Chr. Er verkündete das Endreich Israels und prophezeite einen kommenden Messias. Aber auch andere Schriften des jüdischen Tanach, aus dem später das Alte Testament der Christen wurde, verkünden Jahrhunderte vorher detailliert die Ankunft eines Messias. Diese Beschreibungen finden Eingang in die Evangelien im 1. und 2. Jahrhundert nach Christus:

Geburt Jesu:
Jesaja7.14: Eine Jungfrau wird schwanger werden und einen Sohn gebären, sie wird ihn Immanuel nennen.
Jesaja 9.9: Denn uns ist ein Kind geboren, ein Sohn ist uns gegeben ....Und er heißt Wunderbar, Rat, Kraft, Held, Ewig-Vater, Friedefürst....
Prophet Micha 5.2-5: Aber du Bethlehem, aus dir kommt der Mann, der mein Volk Israel führen wird.
Stern Bethlehems und die Geschenke der Heiligen Könige:
4.Mose 24.17: Ein Stern steigt auf von den Nachkommen Jakobs, ein Zepter erhebt sich in Israel.
Jesaja 60.2-6: Völker werden zu deinem Licht kommen, ihre Könige eilen herbei.. und bringen Gold und Weihrauch.
Massaker des Herodes:
Jeremiah 31.15: Schreie der Angst hört man in der Stadt .... weint um ihre Kinder, ...denn ihre Kinder wurden ihr genommen.
Maria und Joseph fliehen nach Ägypten:
Hosea 11.1: Aus Ägypten rief ich meinen Sohn...
Jesus aus Nazareth:
Bei Jesaja findet man in der griechischen Übersetzung keinen Hinweis auf Nazareth, da es das Dorf zu diesem Zeitpunkt noch gar nicht gab. Im Hebräischen kommt der Messias allerdings tatsächlich aus `Netzer´ = hebräisch Zweig, also aus dem Zweig Davids.
Die Einwohner Nazareths lehnen Jesus ab:
Jesaja 53.3: Er wurde verachtet und von allen gemieden.
Psalm 69.4: Wieviele hassen mich ohne Grund.
Jesu eigene Familie sagt, er sei von Sinnen.
Psalm 69.8: Meine nächsten Verwandten wollen nichts mehr mit mir zu tun haben, selbst meinen Brüdern bin ich fremd geworden.

Jesus wandert durch Galiläa nach Kapernaum:
Jesaja 8.23: In der Zukunft wird er Galiläa zu Ehren bringen. Er wird zu Ehren bringen den Weg am Meer (Römisch „Via Maris" entlang Kapernaum)
Jesu Wirken in Galiläa:
Jesaja 35.5-6: Dann bekommen die Blinden ihr Augenlicht wieder, und die Tauben können hören. Gelähmte springen ... und Stumme singen ....
Hiob 9.8: Er ist über die Wogen der Meere geschritten.
Jesus zieht auf einem Esel in Jerusalem ein:.
Sacharja 9.9: Siehe, dein König kommt zu dir, arm, er reitet auf einen Esel....
Jesus heilt einen Blinden am Siloa-Teich in Jerusalem
Jesaja 35.4-5: Gott selbst kommt, um euch zu helfen und zu befreien. Dann bekommen die Blinden ihr Augenlicht wieder.
Jesu Tempelfrevel:
Maleachi 3.1: Und der Herr, den ihr sucht, wird plötzlich in seinen Tempel einziehen.
Jesaja 56.7: In meinem Haus sollen alle Völker zu mir beten...
Jeremia 7.11: ...aber ihr habt es zu einer Räuberhöhle gemacht.
Jesus beim Abendmahl:
Psalm 116.13: Beim Opfermahl will ich vor allen den Kelch heben ...
Psalm 118.17: Ich werde nicht sterben, sondern am Leben bleiben ....
Verrat des Judas:
Psalm 41.9: Sogar mein Freund, der mein Brot aß und dem ich vertraute, tritt mich mit Füßen.
Sacharja 11.12-13: Sie zahlten mir 30 Silberstücke. Da sagte der Herr zu mir:" Wirf das Geld dem Töpfer vor die Füße!" Ich nahm die 30 Silberstücke und warf sie im Haus des Herrn dem Töpfer hin.
- Von dem Blutgeld des Judas wird das Töpferfeld gekauft, auf dem Judas sich erhängt haben soll und was bis heute Blutfeld genannt wird.
Jesus wird geschlagen und seine Jünger fliehen:
Sacharja 13.7: Schlage den Hirten, dass sich die Herde zerstreue
Psalm 116.3: Angst vor dem Tod überfiel mich, ich war völlig verzweifelt.
Jesaja50.6: Meinen Rücken habe ich hingehalten als man mich schlug; ich habe mich nicht gewehrt
Jesaja 53.7: Er wurde misshandelt aber er duldete es ohne ein Wort. Er war stumm wie ein Lamm, das man zur Schlachtung führt
Psalm 22.8-9: Von allen Seiten werde ich verspottet. Sie lästern: "Er vertraute Gott. Der soll ihm helfen".

Jesus wird mit 2 Banditen gekreuzigt:
Psalm 22.15: Alle meine Knochen lösen sich voneinander. Mein Herz verkrampft sich vor Angst und meine ganze Kraft ist dahin. Die Zunge klebt mir am Gaumen.
Psalm 22.16: …. eine Meute übler Verbrecher umkreist mich.
Psalm 22.17ff.: Hände und Füße haben sie mir durchbohrt… Sie teilen meine Kleider unter sich und werfen das Los um mein Gewand
Psalm 69.21: Sie geben mir …. Essig zu trinken in meinem Großen Durst.
Jesus stirbt bevor ihm die Beine gebrochen werden:
Psalm 34.20: Er bewahrte ihm alle seine Knochen, dass ihm nicht einer gebrochen werde.
Der Himmel verdunkelt sich bei Jesu Tod:
Amos 8.9: An jenem Tag lasse ich die Sonne schon am Mittag untergehen und die Dunkelheit bricht am hellichten Tag über das Land herein.
Jesus stirbt:
Psalm 22.2: Mein Gott, mein Gott, warum hast du mich verlassen?
Psalm 31.5: In deine Hände befehle ich meinen Geist..
Jesaja 53.12: Er ist den Übeltätern gleich gerechnet und hat die Sünden der vielen getragen.
Jesus wird im Grab eines reichen Mannes beerdigt:
Jesaja 53.9: Man begrub ihn im Grab eines reichen Mannes, weil er sein Leben lang kein Unrecht getan hatte… und er wird weiterleben…
Psalm 16.10: Du wirst mich nicht dem Tod und der Verwesung überlassen.
Hosea 6.2: Nach 3 Tagen wird er uns wieder aufrichten und uns neues Leben schenken.
Jesu Botschaft für die ganze Welt, nicht nur für die Juden:
Jesaja 42.6: Für alle Völker mache ich dich zu einem Licht, das ihnen den Weg zu mir zeigt.
Psalm 22.25..: Auch in den fernsten Ländern werden Menschen Gott preisen.

Hier haben sich die Evangelisten also der Prophezeiungen des jüdischen Tanachs bedient. Wegen der Schöpfungsgeschichte und dieser Prophezeiungen auf den kommenden Messias wurde der Tanach schließlich zum wichtigen Bestandteil der christlichen Bibel, in der der Tanach nun Altes Testament heißt.

Der Fund der Jesaja-Rolle ist deshalb von so großer Bedeutung, da dieser älter ist als alle bisher gefundenen Abschriften. Abschriften wurden nämlich immer wieder verfälscht und je nach Bedarf ergänzt. Die uns heute vorliegenden Papyri und auch die Evangelien sind alle Abschriften von Abschriften von Abschriften späterer Zeit und müssen deshalb mit Vorsicht genossen werden. Selbst in die Aufzeichnungen des jüdisch-römischen Historikers Josephus Flavius, der kurz nach Jesu Tod lebte, also fast ein Zeitzeugen von Jesus war, wurden später Passagen eingefügt, die die vermeintliche Existenz des Jesus von Nazareth belegen sollten, dann aber als Fälschungen entlarvt wurden.

Die Evangelisten bemühten sich verzweifelt um Authentizität, berufen sich auf Zeugen und Apostel, die sie nie kennengelernt haben. Ihre wichtigste Waffe in der Beweisführung für die Existenz von Jesus Christus beziehen sie aus dem Tanach der Juden, denn an Prophezeiungen und die Propheten glaubten die Menschen damals und ein Jesaja oder die Psalmen können nicht irren.

Warum ist das Judentum so wichtig für das Christentum ?

Warum aber waren die jüdischen Schriften für die Existenz eines neuen Glaubens so wichtig, insbesondere, da das jüdische Volk als solches gar nicht mehr bestand und die Überlebenden verstreut in der Welt lebten, also wenig Einfluss und Macht besaßen?

Das Judentum basiert als damals einzige monotheistische Religion auf den Glauben an einen einzigen allmächtigen Vater-Gott, statt auf viele andere männliche und weibliche Götter und sie ist die einzige Religion, die an einen Erlöser und ein Endreich glaubt. Diese Konzentration auf die Macht eines einzigen Gottes und Erlösers und das kommende Paradies ist für viele sehr attraktiv.

Unterdrückte konnten sich der großen Hoffnung auf das Himmelreich hingeben, und Regierende bedienten sich quasi als Stellvertreter des kommenden Erlösers seiner uneingeschränkten Macht. Diese Regierenden waren natürlich alle Männer. Während es im römischen, griechischen und ägyptischen Götterhimmel viele Möglichkeiten der persönlichen Anbetung individueller Götter gab, so wurde der Glaube nun streng hierarchisiert. Alle hatten an den einen Gott zu glauben und der Kaiser und der Papst handelten in seinem Sinne und verlangten bedingungslosen Gehorsam; man konnte sich ja noch auf das Himmelreich freuen, vorausgesetzt man hatte in diesem Leben dem Kaiser und Papst den verlangten Gehorsam gegeben. Und das galt für alle, ohne Ausnahme, egal welche Götter sie vorher angebetet hatten.

Der Glaube war bis dahin Privatsache gewesen, sofern man dem römischen Caesar die notwendige Ehrerbietung brachte. Nun wurde er zum Kampfmittel der Mächtigen, denn wer keinen Gehorsam im Glauben zeigt, kann auch keinen Gehorsam gegenüber den Mächtigen zeigen.

Aber damit auch alle Schäfchen sich diesem Glauben anschließen konnten, und da man sie nicht alle wegen Verweigerung einen Kopf kürzer machen wollte, musste diese neue Religion volkstümlicher werden, die

Gläubigen sozusagen da abholen wo sie waren, und sie waren in Ägypten, Kleinasien, Rom und sogar England – eine propagandistische Meisterleistung, alle diese Völker unter einen Hut zu kriegen.

Das schien auch gut zu klappen. Fast alle waren Christen geworden, unterschiedlicher Couleur, aber Christen. Sogar die wilden Germanen hatten sich Dank Bischof Wulfila zum Christentum bekehren lassen. Seine Großeltern waren als Christen von den Goten versklavt worden. Bischof Wulfila übersetzte die griechische Bibel ins Gotische und gab den Goten damit ihre erste Schrift, die bis dahin nur ihre heiligen Runen kannten. Eine enorme Kulturleistung, die offensichtlich gern von den Goten angenommen wurde.

Es gab bereits eine ägyptische und eine armenische christliche Kirche Anfang des 4. Jahrhunderts und Bischofssitze rund ums Mittelmeer schon seit dem 2. Jahrhundert. Kirchenväter reisten durchs ganze Land und schrieben sich die Finger wund im Auftrag des Herrn. Auch wenn man sich allerdings noch nicht ganz einig darüber war, ob Jesus Christus nun Gott, Gottes Sohn oder nur Mensch oder Prophet oder alles zusammen war. Was war passiert?

Das Christentum ist anpassungsfähig

Die Grundlage der Evangelien sind zunächst der Tanach und der Monotheismus der Juden. Die vielen strengen religiösen Gesetze der Juden aber hatte der Jude Paulus bereits abgelehnt zugunsten der heidnischen Gebräuche von Nichtjuden. Eine Beschneidung zum Beispiel, bei den Juden ein absolutes Muss, wurde damit hinfällig, den neuen nichtjüdischen Christen nicht zumutbar. Auch hatte der Tempel der Juden nicht die Gültigkeit bei den neuen Christen: Gott konnte man überall anbeten, dafür brauchte man keinen Tempel.

Die neue christliche Religion war anpassungsfähig und kompatibel mit bestehenden Traditionen und Mythen.

Diese Mythen widersprachen zwar dem vergeistigten jüdischen Monotheismus, hatten aber in allen Religionen der Mittelmeerregion große Übereinstimmungen.

Der zweite Schritt musste also eine Anpassung an diese Mythen bedeuten, in denen die Götter sehr menschlich waren oder die Menschen göttlich. Sohn oder Kind Gottes war einfach die Bezeichnung für Menschen, die dem vermeintlich Göttlichen sehr nahe zu sein schienen. Das traf auf sehr viele zu, vor allem auf den Kaiser.

Dann gab es aber auch den verwirrenden Götterhimmel der Heiden. Den konnte man nicht so einfach abschaffen ohne auf vollkommenes Unverständnis zu stoßen.

Jedem Glauben liegen seit Menschengedenken elementare Existenzfragen zugrunde:

Wer bin ich und was ist die Welt um mich herum?

Wo komme ich her und was passiert nach dem Tod?

Wer hat das alles erschaffen?

Und darin enthalten die beängstigenden Fragen nach der Beständigkeit der Welt: Kommt nach jeder Nacht der Tag und nach jedem Winter der Frühling? Gibt es Mächte, die das alles zerstören und uns unsere Existenzgrundlage nehmen könnten?

Sehr schnell kamen Menschen der Ur- und Steinzeit darauf, dass alles Leben von der Sonne abhing, ohne Sonne keine Pflanzen, ohne Pflanzen keine Tiere und ohne Pflanzen und Tiere keine Menschen. Und so wurde die Sonne sehr schnell zum Objekt der Anbetung.

Aber auch in der Nacht konnte man Lichter am Sternenhimmel sehen, die sich mit den Nacht- und Jahreszeiten bewegten, verschwanden und plötzlich zu bestimmten Zeiten wieder auftauchten.

Nun gab es eine Vorstellung von Oben und Unten.

Eine ganz andere Welt als am Boden schien am Himmel zu sein. Die nächste sich aufdrängende Frage war: „Was ist unter der Erde, gibt es dort vielleicht auch eine fremde andere Welt, die uns bestimmt wie der Lauf der Sonne?"

Man versuchte sich und die Welt zu verstehen und einen Zusammenhang zu sehen. Aber welchen Sinn hatte das alles, wenn am Ende immer der Tod stand? War der Tod Teil eines Kreislaufes, wie die Sonne auf- und untergeht? Kehrte das Leben nach dem Tod also wieder zurück und in welcher Form? Gab es eine Welt der Toten, der Ahnen. Sind es unsichtbare Wesen, die noch immer unter uns sind oder steigen sie auf zu den Sternen am Himmel oder sind es Wesen der unbekannten Welt unter der Erde, der Unterwelt? Haben die Toten Einfluss auf unser Leben und kann man Verbindung mit ihnen aufnehmen? Oder kehrt mit der Geburt jeden Kindes ein Ahne, ein Toter in die Welt zurück. Dass Kinder Ähnlichkeiten mit ihren Großeltern oder Vorfahren haben, bestärkte die Vermutung der Wiedergeburt.

Das Kreuz ist eines der ältesten Zeichen der Menschheit und bringt die Weltanschauung der Urzeitmenschen auf den Punkt: In der Mitte steht der Mensch und seine Realität, über ihm der Himmel, unter ihm die Unterwelt; im Osten geht die Sonne auf und im Westen wieder unter.

Aber eine Wiedergeburt und damit ein Zurückkehren ins Leben kann nur dadurch geschehen, dass eine Frau den Wiedergeborenen zur Welt bringt. Hierin ist eines der ganz großen Bedeutungen der Magna Mater, der großen Mutter, seit Urzeiten zu sehen: Nur durch sie kann der Mensch den Tod überwinden, egal in welcher Schattenwelt er vorher war.

Die Wintersonnenwende

Der Mensch suchte nach Übereinstimmungen seiner Wirklichkeit mit der am Himmel, an dem sich offensichtlich einiges abspielte. Er erkannte Figuren und Tiere in den Sternen und versuchte sie zu deuten.

Der hellste Stern ist der Sirius. Am 24. Dezember steht er in einer Reihe mit den 3 Sternen des Orion, genannt „Die drei Könige", die wiederum am nächsten Morgen exakt auf den Aufgang der Sonne zeigen, am 25. Dezember, der Wintersonnenwende im Julianischen Kalender der Antike. Am 22. Dezember erreicht die Sonne ihren niedrigsten Punkt in der nördlichen Hemisphäre. In den folgenden 3 Tagen steht sie unter dem Kreuz des Südens und bewegt sich erst wieder am 25. Dezember Richtung Norden. Dem dunkelsten Tag des Jahres folgt der Wieder-Aufstieg der Sonne.
Wem hier keine Parallelen zu Jesu Geburt, dem Kreuz und der Auferstehung auffallen?

Geburt Jesu und drei Heilige Könige:
Die drei Könige (Orion) folgen einem hellen Stern (Sirius), der ihnen am 25.Dezember den Weg zur Geburt der neuen Sonne weist.

Kreuzigung und „Am 3.Tage auferstanden":
Unter dem Sternzeichen des Kreuzes verharrt die Sonne 3 Tage unbeweglich, um dann nach dem dunkelsten Tag des Jahres aufzuerstehen.

Der Sirius ist in der ägyptischen Mythologie der Stern der großen Göttin Isis und Orion der Stern ihres Geliebten, des Osiris. Es gibt eine Theorie, nach der die Pyramiden exakt für dieses Ereignis der Geburt der Sonne am Tag der Wintersonnenwende gebaut worden sind.
Die Bedeutung dieses Ereignisses kann gar nicht überschätzt werden. Nicht umsonst sind es die Super-Götter Isis und Osiris, die diesen Vorgang am Sternenhimmel begleiten.
Die Legende sagt, dass Isis ohne Zutun des Osiris, den sein böser Bruder in Stücke gehauen hatte, nach christlicher Lesart jungfräulich sozusagen, an diesem Tag ihren Sohn Horus gebiert.
Wenn also am 25. Dezember bei Sonnenuntergang der Stern der Isis am Himmel erscheint, kündigt dieses Ereignis in der ägyptischen Mythologie die Geburt des ägyptischen Königs und Gottes Horus an.

Aber auch in anderen Mythen und Religionen bedeutet der Tag der Wintersonnenwende die Geburt des wichtigsten aller männlichen Götter, des Gottes des Lichts. Der im ganzen Römischen Reich verbreitete Mithraskult erklärt die Wintersonnenwende zur Geburt des Sonnengottes Mithras. In der germanischen

Mythologie wird Balder, Sohn von Muttergöttin Frigg und Gottvater Odin, als Gott des Lichts ebenfalls an diesem Tag geboren. Alle ägyptischen Pharaonen beriefen sich auf Horus und Gottessohn Balder würde einst ein neues Weltenreich begründen.

Die Sonnengötter waren in allen Religionen Mittelpunkt der Verehrung. Apollo zählte als Sonnengott zu den höchsten Göttern des griechischen und römischen Pantheons und ihm war das Orakel von Delphi geweiht, dem wichtigsten Ratgeber der Menschen, für die Griechen der Mittelpunkt der Erde. Bis ins 5. Jahrhundert vor Christus jedoch war das Heiligtum Delphie der Urgöttin Gaia geweiht, die hier die hellseherische Python gebar. Erst später wurde das wichtigste Heiligtum der Griechen vom Sonnengott und Urenkel der Gaia Apollon übernommen.

Zum Kennzeichen der Sonnengötter wurde der Strahlenkranz der Sonne um ihre Häupter, aus dem später der Heiligenschein mit dem Kreuz bei Jesus wurde.
Jesus, Gottes Sohn und Verkünder eines neuen Weltreiches, reiht sich also ohne Probleme ein in die großen Lichtgestalten der Antike.

Eine Göttin muss her

Alle Sonnengötter werden von einer Göttin geboren, meistens ohne Zutun eines Gottvaters. Auch der erste griechische Gott Uranos, der Großvater von Apollon, wird von seiner Mutter Gaia ohne männlichen Samen geboren. Und damit ist Gaia die höchste aller Götter und

Göttinnen in der griechischen Mythologie. Sie ist die, die alles Leben erschaffen hat.

Die ägyptische Isis wurde von der ebenfalls jungfräulichen Göttin Nut geboren, die als die Urgöttin und Schöpferin schlechthin galt, ähnlich wie Gaia. Es ist ein Zugeständnis an die inzwischen patriarchalische Welt, dass die männlichen Nachkommen nicht nur einfach unter einer Pinie verbluten oder sonstige Schicksale erleiden, sondern die Könige der Welt sein werden. Die Urgöttin gebiert und weiht sozusagen die weltlichen Herrscher.

Nicht aus dem Hause Davids, sondern von der Jungfrau Maria geboren, war die für Nichtjuden wichtige heilige Abstammung eines Gottessohnes und Königs.

Für Paulus allerdings war die hellenistisch-römische Welt dieser Zeit von Bedeutung und damit die Supergöttin Artemis in Ephesus. Menschenmassen pilgerten in die Metropole an der Ägäisküste, um sie dort zu verehren. Der Artemistempel in Ephesus gilt als eines der 7 Weltwunder und war zur Zeit des Paulus der größte Tempel im römischen Imperium.

Und weil die Jungfrau Artemis in diesem Teil der Erde so wichtig war, entsann man die Legende, dass Maria in Ephesus gestorben sei, dort also auch ihr Grab wäre.

Und so ist es auch nur passend, dass im Jahre 431 n.Chr. in Ephesus in der neu erbauten Marienkirche Maria zur „Gottesgebärerin" erklärt und dieses zum Dogma erhoben wird. Maria sollte die große Göttin der antiken Welt ablösen und damit den Heiden den Übergang in das Christentum erleichtern.

Die Jungfrauengeburt

Die Geburt durch eine Jungfrau zur Wintersonnenwende als Ankündigung eines besseren Weltreiches, einer sonnigen Zeit sozusagen, wurde also zur zwingende Legende des neuen Gottessohnes.

Dafür wurde sogar die Prophezeiung im jüdischen Tanach zurechtgebogen, wo es heißt:

Jesaja 7.14: Eine Jungfrau wird schwanger werden und einen Sohn gebären, sie wird ihn Immanuel nennen.

Dank der gefundenen Jesaja-Rolle kann man nun aber den ursprünglichen Sinn erfassen. Im hebräischen Urtext des Jesaja ist die Jungfrau keine Jungfrau, sondern eine junge Frau, bereits verheiratet und in großer Hoffnung, ihrem Gatten einen Sohn zu schenken. Für das Wort Jungfrau, im christlich-jüdischem Sinne also `unbefleckt´ sozusagen, hat die hebräische Sprache ein ganz anderes Wort, was auch nicht verwechselt werden kann. Ganz verwegen hatte man also in der Übersetzung etwas geschummelt, um so endlich zur unbefleckten Jungfrauengeburt zu gelangen.

Wie bereits erwähnt, ist Jungfräulichkeit einer verheirateten Frau im Judentum eher ein Grund zur Scheidung denn eine Tugend. Und dass eine Jungfrau ein Kind gebären würde, also ohne männlichen Samen, ist dem extrem patriarchalischen Judentum völlig fremd, wäre geradezu lächerlich. Ohne Mann passiert im Judentum gar nichts! Keine Religion hat den Göttinnenkult der Urzeit so radikal aus seinen Mythen getilgt wie das Judentum.

Für die Juden steht immer an oberster Stelle der Mann als Gott... oder Gott als Mann. Da dieser Gottvater nicht gebären kann, muss er sich eines Klumpen Erde bedienen, um den Menschen zu schaffen, der natürlich auch ein Mann ist.

Die ersten bedeutenden Christen waren Frauen

Obwohl das Christentum ein Ableger des durch und durch männlichen Judentums ist, sind es gerade die Frauen, die das Christentum nach vorne bringen. Allen voran Maria Magdalena, die erste Apostelin, der sich laut Evangelien Jesus am stärksten anvertraute, so dass die Jünger und besonders Petrus eifersüchtig wurden und Jesu Bevorzugung einer Frau deutlich missbilligten. „Frauen sind des Lebens nicht würdig.", soll Petrus im apokryphen Thomas Evangelium gesagt haben; der `Fels´ fühlte sich besonders gedemütigt.

Man geht heute in der Bibelforschung davon aus, dass Maria Magdalena eine wohlhabende unabhängige Frau mit großer spiritueller Kraft gewesen ist, die Jesus auch im Geistigen von allen Aposteln am nächsten stand und damit zu Recht als der erste Apostel Jesu genannt werden kann, nicht Petrus, sondern eine Frau! Ihr Selbstbewusstsein und ihre Unabhängigkeit erklären manche damit, dass sie nicht jüdisch gewesen sein konnte. Es gibt Theorien, nach denen Maria Magdalena aus Ägypten stamme, wo sie ja auch nach Jesu Tod hin geflüchtet sein soll. Einige erklären Maria Magdalena sogar zur schwarzen, also dunkelhäutigen Madonna, was auf uralte Göttinnenbezeichnung zurückgeht und auch ein

Hinweis auf Ägypten sein kann. Die im letzten Jahrhundert gefundenen Evangelien, besonders das Phillipus Evangelium stellen sie in einem völlig neuen Licht dar, nämlich als gleichberechtigte Partnerin von Jesus, die ihn inspirierte. Als Führerin der ersten christlichen Gemeinde trat sie die Nachfolge Christi an.

Maria Magdalena war es, die den anderen Jüngern nach der Kreuzigung Trost und Zuspruch gab. Eine unabhängige Frau, die im Gefolge eines Wanderpredigers durch das Land zog, war sicherlich in der jüdischen Gesellschaft eher ungewöhnlich und verpönt.

Dennoch gab es weitere Frauen, von denen in der Bibel die Rede ist: Johanna, Susanna, Salome, Martha, Maria von Bethanien und eine sogenannte `Bekannte Sünderin´ ohne Namen. Nur muss es den Evangelisten der Bibel einfach peinlich gewesen sein, dass auch Frauen zu den Jüngern Jesu gehörten und ganz besonders machte ihnen die Figur Maria Magdalena zu schaffen. Auf jeden Fall werden die Geschichten über Gefolginnen Jesu so im Neuen Testament miteinander verwoben, dass am Ende alle diese Frauen die `Bekannte Sünderin´ sein könnten. Die Geschichte, in der eine unbekannte Frau Jesu mit ultrateurem Nardenöl salbt, weswegen sie von den Jüngern gerügt wird, dann seine Füße wäscht und mit ihrem Haar trocknet, wird in den kanonischen Evangelien mit unterschiedlichen Frauen erzählt. Das Trocknen der Füße mit dem Haar entbehrt nicht einer gewissen Erotik und so ist es im Lukas Evangelium auch die Sünderin, die dieses tut, und im Johannes Evangelium ist es eine Maria im Hause des Lazarus. Diese wiederum könnte sogar Maria Magdalena gewesen sein. Die Evangelisten scheinen mit Absicht falsche Spuren zu legen,

Informationen zurückzuhalten und Verbindungen zu fingieren wo keine sind. Auf jeden Fall kommen die wenigen Frauen, die im Neuen Testament erwähnt werden, dabei schlecht weg. Meistens aber werden sie unterschlagen und in falsche und ungünstige Zusammenhänge gebracht. Warum die Evangelisten sie überhaupt erwähnen, liegt sicherlich an der immer wieder zu beweisenden Glaubwürdigkeit ihrer Behauptungen. Schrieben sie ja schließlich nicht in erster Linie für die jüdische, sondern für die griechisch-römische Welt, in der es mehr unabhängige Frauen gab als man sich das im Judentum vorstellen konnte. 30% aller Mitglieder der ersten christlichen Gemeinden im römischen Reich waren Frauen und diese stellten ihre Häuser und ihr Geld für die ersten Versammlungen zur Verfügung. Aber sie waren nicht nur stille Teilhaber, sie waren inhaltlich und missionarisch maßgeblich beteiligt an der Verbreitung des Christentums und noch vor den Männern aktiv im nicht-asiatischen, also europäischen Bereich: Die reiche Purpurhändlerin Lydia nahm Paulus in Makedonien in ihr Haus auf und war der erste Mensch in Europa, der sich taufen ließ, also der erste Christ! Phoebe von Korinth stand ebenfalls in Kontakt mit Paulus, missionierte in Rom und gilt als der erste Diakon des Christentums und Junia als der erste Apostel in Europa, alles Frauen! Das war dann aber auch den späteren Kirchenvätern zu viel und so wurde im 14. Jahrhundert aus der Apostelin Junia der Apostel Junias, die anderen kehrte man unter den Tisch und sie gerieten in Vergessenheit. Luther bekräftigte über 1000 Jahre später noch einmal, dass es keine Frauen als Apostel gegeben hatte.

Im entscheidenden Moment versagen die Männer

Seltsamerweise aber rücken die Frauen in den Evangelien bei der Kreuzigung und der Auferstehung ins Rampenlicht und lassen die Männer alt aussehen. Die Jünger Jesu waren in alle Winde verstreut, hatten ihn verraten und geleugnet. Wie Feiglinge waren sie davon gelaufen. Nur die Frauen gingen zur Kreuzigung und begleiteten Jesus bei seinem furchtbaren Tod. Nur die Frauen hatten sozusagen den Mumm, das traumatische Erlebnis der Kreuzigung, das Leid ihres geliebten Jesu mitzutragen, auszuhalten, durchzustehen. Warum die

Evangelisten die männlichen Jünger Jesu gerade in diesem Moment als totale Versager aussehen lassen, ist schleierhaft.

Auf christlichen Gemälden erscheint Johannes als der Lieblingsjünger Jesu auf der rechten Seite des Kreuzes als Alibi. Seit dem Fund des Phillipus Evangeliums in Nag Hammadi weiß man aber, dass der Lieblingsjünger nicht Johannes sondern unangefochten Maria-Magdalena war: „...die Gefährtin des Erlösers ist Maria Magdalena. Der Erlöser liebte sie mehr als alle Jünger und er küsste sie oft auf ihren Mund."

Bereits Leonardo daVinci schien das gewusst zu haben, wie in seinem Gemälde „Das letzte Abendmahl" deutlich zu sehen ist, ist Johannes eine Frau!

Das Johannes Evangelium wird von vielen Theologen als das authentischste gesehen. Ob der Urheber der sogenannte Lieblingsjünger Johannes war ist zweifelhaft und es gibt sogar Vermutungen, dass Maria Magdalena die Autorin ist.

So sind es dann auch nur die Frauen, die Jesu Grab besuchen und es leer vorfinden. Jesu soll sich nach seiner Auferstehung als erstes Maria Magdalena gezeigt und sie so zum 1. Apostel überhaupt gemacht haben, die die anderen Jünger spirituell unterweisen sollte.

Der Kernpunkt des Christlichen Glaubens ist die Auferstehung und die Evangelisten lassen ausgerechnet Frauen als Zeugen auftreten. Nach jüdischem Recht waren aber Frauen als Zeugen nicht zugelassen, sie waren der rechtlose Besitz ihres Mannes oder Vaters und damit nicht unabhängig genug, um eine glaubwürdige Zeugenaussage machen zu können. Warum setzen die Evangelisten gerade in dieser so wichtigen Passage der Christologie nicht jemanden wie Petrus als Zeugen der Auferstehung ein? Im Vergleich zur jüdischen Frau hatten die freien römischen Frauen jedoch wesentlich mehr Rechte, waren emanzipierter und unabhängiger, konnten über ihr eigenes Vermögen verfügen und hohen sozialen Status erreichen und eben auch als Zeugen aussagen.

Und da die ersten Christen zu einem erheblichen Teil nichtjüdische Frauen im römischen Reich waren, stieß sich hier auch keiner an der Tatsache, dass Frauen Zeugen der Auferstehung wurden. Zudem waren Frauen in den Kulturen Ägyptens und Assyriens wesentlich selbstbewusster, da sich diese auf die alten Mutter-Kulte der Isis und Ischtar/Astarte berufen konnten, was ihnen Achtung und Respekt einbrachte. Freie Sexualität und Selbstbestimmung waren einmal Grundrechte der Frau gewesen und konnten aus vorpatriarchalischer Zeit noch zum Teil herüber gerettet werden. Erst der Gottvater der Juden und Christen hat das rigoros verdammt.

Die Schöpfungsgeschichte wird umgeschrieben

Dafür wurde sogar die Schöpfungsgeschichte der alten Sumerer so umgeschrieben, dass ihren Sinn heute keiner mehr versteht, aber welches die Frau zum Sündenbock macht.

Bei den alten Sumerern vor 5000 Jahren wird der Mensch aus dem `Leben´ erschaffen. Das hebräische Wort für `Leben´ ist `Eva´. Und das hebräische Wort für `Mensch´ ist `Adam´. Adam war also nicht zwingend männlich. Und Eva ist das Leben, aus dem der Mensch erschaffen wird. Dieses entspricht den vielen Schöpfungsmythen, nach denen die Frau die Schöpferin allen Lebens ist. In der sumerischen Schöpfungsgeschichte bekommt der Mensch eine Partnerin mit Namen Lilith. Diese ist Adam ebenbürtig, verlässt Adam jedoch, als dieser Ansprüche stellt. Sie ist also frei und unabhängig.

So wurde in der Tora die Schöpfungsgeschichte wie auch die Sintflut (Gilgamesch) und die Moses-Legende (Sargon) eiskalt von den 2000 Jahre älteren Mythen der Sumerer abgeschrieben und im streng patriarchalisch Sinne umgedeutet: Lilith wird zum bösen, Kinder mordenden und Männer verschlingenden Dämon in der Wüste. Im jüdischen Volksglauben macht man sie zukünftig für Todgeburten verantwortlich. Dieses ist die nachträgliche Verteufelung jeder Frau, die sich unabhängig und dem Mann gleich gestellt fühlt. Eva dagegen, aus der alles Leben erschaffen wurde, wird zur Gehilfin des Mannes degradiert.

Aber das Umdeuten alter Sagen ist eben nicht immer so einfach, denn alte Mythen haben einen langen Atem. Und in dem neuen Konstrukt des jüdischen Tanach schleicht sich für jeden bis heute sichtbar ein grober Fehler ein:

Im ersten Buch Mose werden Adam und Eva gleichzeitig von Gott erschaffen:

1.Moses 1.27: ..“und Gott schuf ein Mann und ein Weib“

Und dann kurz danach ist Adam plötzlich ohne Weib:

1.Moses 2.18: „..es ist nicht gut, dass der Mensch alleine sei, ich will ihm eine Gehilfin machen.“

Dafür erschuf Gott Eva aus der Rippe des Adam.

Aus dem hebräischen übersetzt heißt das:

Das Leben (Eva) wird aus dem Menschen (Adam) erschaffen!

Dieses ist eine vollkommene Umkehrung der sumererischen Variante, allerdings mit klaren Absichten, denn von nun an gehört das Weib als sein Fleisch dem Mann!

Das Christentum wird gesellschaftsfähig

Die kanonischen Evangelien wurden also um 100 n.Chr. im Besonderen für die Bürger im Römischen Reichs geschrieben und nicht für die Juden. Ob jüdische Priesterschaft oder die Jünger Jesu, an ihnen wird in den Evangelien kein gutes Haar gelassen. Judäa hatte man fast dem Erdboden gleichgemacht und das jüdische Volk so weit wie möglich ausgerottet. Die Geschichte schreiben immer die Sieger und die machen nun die Juden für den Tod des Heilands verantwortlich. So konnten die Römer wie Pontius Pilatus ihre Hände nicht nur in Unschuld waschen, sie gaben hintergründig mit den Evangelien den Beweis für die Schlechtigkeit der Juden überhaupt und damit ihre eigene Absolution. Denn die Massakrierung eines ganzen Volkes muss auch in der restlichen römischen Welt eine Schockwelle hinterlassen haben, die es nachträglich zu relativieren bedarf. Die so in den Evangelien erklärte Boshaftigkeit (Judas) und Feigheit (Petrus) der Juden machte das Abschlachten für die Römer im Nachhinein erträglicher.

Das Christentum benötigte nicht nur die Akzeptanz in der einfachen Bevölkerung, sondern eben auch bei den Einflussreichen, Mächtigen und Regierenden.

Es dauerte allerdings noch eine ganze Weile, bis endlich auch ein römischer Kaiser die Vorteile dieser neuen Religion zu schätzen wusste. Zunächst versuchten die römischen Machthaber reflexartig die neue Sekte, die Todes verachtend auf die Götter und den Staatskult der Römer spuckte, als Staatsfeinde zu eliminieren. Aber die Christenverfolgung brachte neue Märtyrer hervor und legte damit die Saat für eine Massenbewegung, die das Reich von Grund auf verändern sollte.

Aber noch kursierten im 3. Jahrhundert die unterschiedlichsten religiösen Anschauungen. Auch stand die Frage im Raum, ob man sich als Heiden-Christ vom Judentum ganz abspalten sollte, bestand zwischen den Juden-Christen und den Heiden-Christen inzwischen eine erbitterte Feindschaft. Nicht wenige Christen verlangten, dass jüdische Schriften überhaupt keine Bedeutung mehr für ihre Religion haben sollten, so die Paulikianer, die sich ausschließlich auf Paulus, nach dem sie sich benannten, berufen wollten. Die radikale Abspaltung vom Judentum war entsprechend der Evangelien allerdings nicht möglich, da Jesus seine Existenz aus den Prophezeiungen des jüdischen Tanach bezog. Und so annektierte man kurzerhand die jüdischen Schriften als die eigenen christlichen und erklärte den Juden, dass sie ihre eigenen Schriften falsch auslegen würden, stur und unfähig wie sie sind und deswegen den falschen Glauben haben, der nicht toleriert werden kann. Dass der Tanach der Juden so wichtig für die Christen wurde, war nicht nur den Prophezeiungen geschuldet, sondern auch der Tatsache, dass eine Religion ohne Traditionen und Mythen, die Jahrhunderte zurückreichen, kaum überlebensfähig ist. Dass man den Juden ihre Mythen allerdings geradezu stahl und für sich neu nutzte, schürte noch weiterhin das Misstrauen untereinander. Die nichtjüdischen Christen rieben sich von Anfang an am Judentum und begannen es zu hassen, weil sie es brauchten, aber nicht wollten.

Nicht gebrauchen konnten die neuen Christen allerdings viele andere christliche Glaubensvorstellungen.
Die gnostischen Paulikianer in Kleinasien orientierten sich wie viele am Erlösungsglauben eines Paulus. Das Kreuz lehnten sie als Folterinstrument ab und die Kirche als Institution auch. Derartigen Eigensinn überlebten sie natürlich nicht und wurden im 9. Jahrhundert ausgerottet. Die Nestorianer mussten schon im 5. Jahrhundert das Weite suchen, da ihnen die Vorstellung, dass Maria eine Gottesgebärerin sei, völlig zuwider war. Genauso ging es den Monophysiten, die in Jesus weniger einen Menschen als einen Gott sahen. Dass war den Trinitariern zu viel Gott oder zu wenig Mensch. Das Dogma von den zwei Naturen Jesu, dem göttlichen und dem menschlichen, wesensgleich und nicht wesenseins, konnten oder wollten die Monophysiten nicht nachvollziehen und mussten ebenfalls in den Untergrund. Überlebt haben die Kopten in Ägypten.
Aber bevor man dem Christenmenschen seinen Glauben in allen noch so spitzfindigen und für viele nicht nachvollziehbaren Details vorschreiben konnte, brauchte man die weltliche Macht. Verwirrende und unverständliche Glaubensinhalte werden eben nur dann

unkritisch hingenommen, wenn man muss. Es brauchte einige Jahrhunderte ganz weltlicher Repression bis keiner mehr auf die Idee kam, irgend etwas zu hinterfragen oder verstehen zu wollen.

Ein Kaiser entdeckt das Christentum

Kaiser Konstantin putschte sich Anfang des 4. Jahrhunderts an die Macht, zog in den Krieg gegen das ehrwürdige Rom und überließ es dann mehr oder weniger seinem Schicksal. Rom war nur noch eine leere Hülle und der Kaiser beschloss einen Neuanfang am äußersten Rande von Europa, eigentlich schon in Asien, nämlich in dem kleinen Ort Byzanz auf der östlichen asiatischen Seite des Bosporus. Das war ein Statement! Kerngebiet des römischen Reiches wurde nun der Osten, das sogenannte oströmische Reich. Hier sprach man griechisch statt lateinisch und die römische Kultur wurde durch die griechisch-asiatische ergänzt und grundlegend verändert. Byzanz am Bosporus sollte zu einem Schmelztiegel der Völker und Kulturen werden. Rom war nur noch eine armselige zurückgebliebene Randerscheinung.

Hier in dem griechisch-asiatischen Teil des Römischen Reiches wagte Konstantin einen Neuanfang, in allem. Und die in Rom so wichtigen römischen Götter spielten hier keine Rolle. Offensichtlich war die Zeit reif für eine grundlegende Veränderung.

Es heißt, seine Mutter Helena, eine Schankwirtin aus Serbien, war eine glühende Christin. Sie zog mit ihrem Sohn in die neue Hauptstadt mit griechisch-hellenistischem Umfeld. Die Metropolen Athen und

Ephesus waren in Reichweite und hier dachte man schon lange über eine Verbindung griechischer Philosophie mit den Herausforderungen der neuen Zeit nach. Die großen Kirchenväter der ersten Jahrhunderte hatten in Athen studiert und Kontakte zueinander aufgenommen. Auch die Evangelisten kamen alle aus dem griechischen-asiatischen Bereich. Außerdem hatte sich im ägyptischen Alexandria ein Thinktank der Antike etabliert. Alexandria wurde auch zum Zentrum der Gnostiker, die nur in der eigenen Erkenntnis den Weg zu Gott sahen. Sie versuchten, eine Verbindung zwischen der griechischer Philosophie, dem Monotheismus der Juden, aber auch der Religiosität der Ägypter, Babylonier, den persischen Zoroastrier und sogar dem Buddhismus herzustellen. Es war eine Zeit der Veränderungen und jeder Gelehrte, der etwas auf sich hielt, studierte hier die alten Schriften aus der berühmten und größten Bibliothek der Antike. Hier traf die geistige Welt zusammen. Hier hatte Ptolomäus die hebräische Bibel ins Griechische übersetzen lassen, der Septuaginta. Damit waren die alten jüdischen Texte für jeden Gebildeten im Römischen Reich lesbar.

Aber der Versuch, eine neue Religion mit einer tief gehenden Spiritualität zu versehen, scheiterte schließlich an den weltlichen Vorstellungen der sich formierenden christlichen Kirche, die zwar dem Volk ihre Götter ließ indem sie sie christlich umdeuteten, aber eine Heidenangst vor Selbsterkenntnis und spiritueller Entrücktheit ihrer Schäfchen hatte. Diese Gnostiker waren dann auch der Meinung, dass man eine Kirche nicht bräuchte auf dem Weg zur Erkenntnis oder Erleuchtung.

Augustinus hat es dann im 5. Jahrhundert auf den Punkt gebracht: Ohne Kirche keine Erlösung! Nur strikter Gehorsam gegenüber der Kirche kann den sündigen

Christenmensch retten. Augustinus aus dem lateinisch-römischen Bereich Nord-Afrikas gab damit dem heruntergekommenen Rom wieder eine neue Machtgrundlage: Die Kirche, also der Papst sollte den römischen Caesar in Rom ersetzen. Sie nannte sich katholisch und nicht orthodox wie in der Hauptstadt am Bosporus und setzte klare Zeichen der ganz weltlichen Machtübernahme in Europa.

Während die Gnostiker also einen besseren Menschen im Fokus hatten, frei und gut handelnd, war für die Kirche der gehorsame Mensch, nicht frei und abhängig von der Kirche maßgeblich. Was gut und böse ist, konnte man nur bei der Kirche erfragen, alles andere war Anmaßung, Häresie und Gotteslästerung. Die Gnostiker wollten über Selbsterkenntnis das Bewusstsein des Menschen schärfen, sich als Teil eines großen Ganzen zu sehen und damit die Liebe zu den Mitmenschen zu entwickeln: Gutes zu tun kann erlernt werden und wird zwingend, wenn man zum wahren Kern der Erkenntnis gelangt, so die Gnostiker. Erleuchtete können keine Menschen töten oder auch nur verletzen. Ihr Gottesverständnis bezieht sich auf die Göttlichkeit aller Menschen. Sie nennen es auch den göttlichen Funken in jedem Menschen, der entfacht werden will. Man kann verstehen, dass gerade die gnostische Gottesvorstellung zum Erzfeind der christlichen Kirche wurde. Die Gnostiker wurden also verboten, ihr Gedankengut lebte allerdings im Untergrund weiter bis heute. Wie unerbittlich die Kirche darauf reagierte, zeigt der letzte Kreuzzug des Papstes, nicht gegen die Heiden, sondern gegen Christen. Die Katharer und Albigenser in Frankreich wurden im 14. Jahrhundert ausgerottet genauso wie vorher die Paulikianer in Kleinasien oder die Bogomilen aus

Bulgarien. Sie hatten das gnostische Gedankengut mit dem persischen Dualismus verbunden, alles Materielle war des Teufels und das Geistige, also die Selbsterkenntnis göttlich. Menschen aber, die das Materielle als das Böse ablehnen, sind einfach schlicht nicht zu beherrschen, geschweige denn auszunutzen. Glauben sie dann auch noch an sich selbst und ihren eigenen freien Willen, so ist das für jede Macht ein unerträglicher Zustand – bis heute!

Aus dem Wort Katharer entwickelte sich der Begriff „Ketzer" im Mittelalter.

War Michelangelo ein heimlicher Gnostiker ?

Erst heute erkennen Kunsthistoriker die Bedeutungen und versteckten Symbole in vielen Szenen der Sixtinischen Kapelle und vor allem in seinen Meisterwerken, der `Pieta´ oder dem `Moses´. Michelangelo riskierte damals die Todesstrafe, wenn sein Auftraggeber, der Papst auch nur einmal genauer hingeschaut hätte. Geschmeichelt durch die Abbildung seiner selbst über dem Eingang der Sixtinischen Kapelle sieht der Papst nicht den kleinen süßen Engel dahinter, der ihm den römischen Stinkefinger zeigt. Auch sieht er nicht, dass Gott, der Adam mit dem Finger berührt, von einem Mantel umgeben ist, der exakt das menschliche Gehirn darstellt. Und im Kopf des Menschen befindet sich nun mal der Zugang zur Erleuchtung, durch die Zirbeldrüse, dem magischen `Dritten Auge´. Der Papst begreift auch nicht, warum Gott die Heilige Sophia, also die Weisheit im Arm hält. Gott und Weisheit sind für Michelangelo ein Paar.

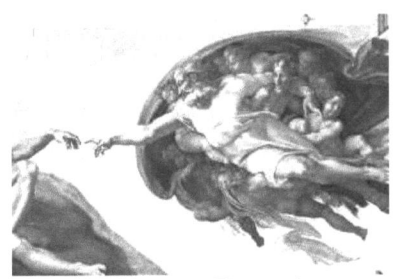

Gott gibt Adam einen Fingerzeig

Szene aus dem Paradies:

Eva greift eher beiläufig nach der verbotenen Frucht, als wäre sie gerade beschäftigt …..

Eine römische Kunsthistorikern merkte dazu an: „wenn Eva ihren Kopf um 180° drehen würde.." .Hier ginge es um Sex aus purer Lust., nicht zur Erfüllung eines Fortpflanzungsauftrages wie im Alten Testament und von der Kirche gefordert.

Der Papst muss blind gewesen sein!

Und die Pieta von Michelangelo ist ganz sicher nicht die Darstellung einer inzwischen alten von Gram gebeugten Mutter Maria, wie sie ihren toten Sohn im Arm hält.

Hier ist ganz klar ein junges Liebespaar zu sehen. Maria wirkt jung und schön und das scheint dem Papst gefallen zu haben. Experten glauben sogar, Maria Magdalena in ihr zu erkennen.

Die Pieta von Michelangelo

Kunstexperten deuten diese Details heute als Beweis der gnostischen Sichtweise Michelangelos, was aber in der Kirche als Häresie verurteilt wurde. Michelangelo wurde vom Papst zur Ausmalung der Sixtinischen Kapelle gezwungen. Er selbst hielt sich für einen unfähigen Maler und wollte bei seinen Skulpturen bleiben. Da die Kirche meistens der einzig potente Auftraggeber für monumentale Kunstwerke war, musste Michelangelo sich wohl oder übel fügen. Seine Verachtung für die Institution verpackte er in hintergründigen Details. So scheint er Rache genommen zu haben. Michelangelo starb in einfachen Verhältnissen, nicht weil er kein Geld hatte, sondern weil er es einfach nicht benutzte. Seinem langjährigen Diener hinterließ er einen Teil seines beträchtlichen Vermögens.

Noch bis in unsere Zeit galt das gnostische Denken als gefährlich, weswegen Freimaurer immer noch im Verborgenen ihre Logen betreiben. Die Idee der inneren Erleuchtung und Abkehr vom Materiellen ist dann auch bei den Christen im Westen wenig bekannt und der nach Spiritualität lechzende westliche Mensch wendet sich dann eher gen Asien und praktiziert buddhistische Meditationsmethoden.

Das Christentum kommt nicht aus Rom

Im 4. Jahrhundert hat der Papst in Rom noch keine Macht, auch wenn er als Nachfolger der römischen Cäsaren schon entsprechende Ansprüche stellt, was aber von östlichen Patriarchen nur lächelnd zur Kenntnis genommen wird. Und Rom ist isoliert von der sich formierenden Kirche und ihrer geistigen Ergüsse. Diese sind nämlich alle auf Griechisch verfasst. Der große Ambrosius von Mailand, Bischof und einer der wichtigsten Kirchenlehrer des Weströmischen Reiches im 4. Jahrhundert konnte nur deshalb in der Gelehrtenwelt mithalten, weil er griechisch sprach und im schriftlichem Austausch mit den großen Gelehrten seiner Zeit wie Origenes und Athanasius von Alexandria stehen konnte. Dem großen Augustinus war das nicht vergönnt, er sprach nur lateinisch, blieb so in der theologischen Gelehrtenwelt isoliert und kannte auch nur die lateinische fehlerhafte Übersetzung der Bibel des Hieronymus, der versucht hatte, die griechische Fassung seiner Ungereimtheiten zu entledigen. Vielleicht einer der Gründe, warum er gegen alle theologischen Einsichten seiner Zeit die Erbsünde verkündete, welches die Grundlage der sich zaghaft formierenden katholischen Kirche im Provinznest Rom wurde, gebeutelt von den Germanenüberfällen und abgeschnitten vom Rest der Leitkultur und Zivilisation im Osten. Die Erbsünde blieb ein rein lateinisch-katholisches Obskurum, welches Mittel-Europa in den nächsten 1000 Jahren im Würgegriff halten und Angst und Schrecken verbreiten würde; und den Menschen zur Rettung ihrer Seele und der ihrer Liebsten ihr letztes Hemd an die Kirche geben ließ, welches exakt der Sinn der Übung war. Ohne Taufe oder den Sterbesakramenten war jeder Mensch laut

Augustinus und der katholischen Kirchendoktrin der Hölle überschrieben, welche Priester und Künstler in allen Details lebhaft zu beschreiben wussten. In keiner Religion war die Angst vor der Hölle so im alltäglichen Leben der Menschen präsent wie im Katholizismus des europäischen Mittelalters. Aber Gott sei Dank konnte man sich noch auf dem Sterbebett vor Erhalt der Sterbesakramente von allen Sünden freikaufen. Die Hölle, von Zarathustra ca. 1000 vor Christus in Persien erfunden, kam erst im Katholizismus zur vollen Blüte. Selbst Abraham kannte noch keine Hölle.

Das Jenseits interessiert den Kaiser nicht, er will das Diesseits ordnen

Aber bis eine Kirche die Geschicke der Welt bestimmen konnte, musste noch einiges geklärt werden.

Kaiser Konstantin bestimmte Byzanz Anfang des 4. Jahrhundert zur neuen Hauptstadt und gab ihr seinen Namen Konstantinopel.

Und er gab ihr eine neue Religion. Aber wie sollte diese aussehen? Sie sollte für alle gültig sein und seinen Machtanspruch natürlich stärken. So kamen die großen Gelehrten und Theologen ihrer Zeit 323 zusammen, um auf dem Konzil von Nicäa bei Konstantinopel über die Richtlinien dieser neuen Staatsreligion zu entscheiden.

Dem großen Kirchenvater und Gelehrten Eusebius von Caesarea in Palästina beauftragte er anschließend, eine Kirchengeschichte zu schreiben, um dem ganzen einen theoretischen Untergrund zu verleihen. Allerdings hat diese heute keinerlei historischen Wert, sondern war schön zusammengeschrieben, wie es eben so passte.

Eine kanonisierte Bibel gab es noch nicht, viele Fragen standen noch offen und viele Hürden mussten aus dem Weg geräumt werden.

In Nicäa einigte man sich grob, dass Jesus der Sohn Gottes sei. Daran ist an sich nichts Ungewöhnliches, denn Sohn oder Kind Gottes nannte man alle von Gott Inspirierten und außerhalb des Monotheismus der Juden hatten fast alle Götter mythische Söhne. Aber Jesus sollte nicht einfach nur von Gott inspiriert sein, also ein Prophet, sondern zu Mensch gewordener einziger Sohn des einzigen Gottes. Dieses ist eine gewagte Kombination zwischen dem Judentum, der außer dem einzigen mächtigen Gott nur noch den Messias, also einen von Gott gesandten Menschen anerkannte, und der hellenistischen und römischen Welt mit ihren Götterclans. Nur gab es außer Jesus keinen anderen im Clan Gottes mehr. Später füllte die Kirche diese Lücke dann mit all ihren Heiligen auf.

„Ich glaube an den einen Gott...
und seinen Sohn...
der als Einziggeborener aus dem Vater gezeugt ist
und den Heiligen Geist.."

Hier haben wir nun den jüdischen Messias, ein Mensch und auf der anderen Seite den Sohn Gottes, also eine göttliche Gestalt. Das wirft dann auch gleich die nächste Frage auf: Ist Jesus nun Mensch oder Gott? Darüber stritt man dann die nächsten 100 Jahre und einigte sich darauf, dass Jesus beides ist! Also kann sich jeder nehmen was er will? Mitnichten! Denn das Dogma von den zwei Naturen Jesu, menschlich und göttlich zugleich schloss alle anderen Glaubensrichtungen aus, die Jesus für nur göttlich oder nur menschlich hielten. Also wer Jesus für einen Propheten hielt, wurde verfolgt und wer Jesus für einen Gott hielt, wurde auch verfolgt. Dennoch hätte jeder mit gutem Willen und etwas Toleranz sich diesem Bekenntnis unterwerfen können. Dazu kam der Heilige Geist, der ja alles verband, nicht nur Jesus mit dem Vatergott, sondern Gott auch mit allen Menschen.

Der große Kirchenvater Hieronymus, der im 4. Jahrhundert die griechische Bibel ins Lateinische übersetzte, damit die ungebildeten Mittel-Europäer und Römer sie auch endlich lesen konnten, lebte zurzeit der heftigsten Auseinandersetzungen um die Definition, wer Jesus nun war und sagte dazu:" Verstehe das, wer will?"
Die christliche Trinität, die 381 n. Chr. auf dem Konzil von Konstantinopel zum ersten christlichen Dogma wurde, ist tatsächlich für die meisten Gläubigen nicht nachzuvollziehen. Man stritt über derartige Fragen wie die zwei Naturen in Jesus, ob diese weseneins oder wesensgleich vorhanden sind. Haarspaltereien, denen kein Nicht-Theologe mehr folgen konnte.
Aber das musste er ja auch nicht. Kam er aus der hellenistischen Götterwelt, so war es für ihn selbstverständlich, dass Gott einen Sohn hatte, göttlich natürlich und dass Götter manchmal auf die Erde steigen, wusste man zu Genüge vom geilen Zeus. Kam er aus dem monotheistischen Judentum oder war dadurch beeinflusst, so war ihm die Sache bekannt, dass Gott einen Menschen auf die Erde sendet, um diese zu erretten.
Also alles passt! Und für die in der römisch-griechisch-ägyptischen Welt, die einfach nicht auf ihre Gottesmutter verzichten wollten, hatte man die Jungfrau Maria parat. Als Christen den Isis-Tempel in Ägyptern zerstören

wollten, flehten die ägyptischen Priester diese an: "Ihr habt doch eure Maria, lasst uns doch unsere Isis!"

Eine Isis, Artemis, Astarte wurde von den intoleranten Christen natürlich nicht mehr akzeptiert.
Auf den Trümmern der zerstörten Tempel der sogenannten heidnischen Götter, die sie vorher eiskalt kopiert hatten, wurden Kirchen errichtet.

Gottesmutter Isis mit Sohn Horus

Alles was jetzt nicht der christlichen Doktrin entsprach war heidnisch und musste bekämpft werden. Nichts durfte mehr an die alten Religionen und Götter erinnern.
Schließlich war es ziemlich peinlich, dass man sich so einfach bedient und Jahrhunderte alte Mythen für sich annektiert hatte, ob bei dem jüdischen Tanach mit ihrem Jahwe, dem Sonnengott Apollo oder der Gottesmutter Isis.
Das Glaubensbekenntnis wurde zur Machtfrage und der Kaiser hatte diese entschieden.
Und zwar gegen erbitterten Widerstand auch andersgläubiger Christen, ganz besonders gegen die sogenannten Arianer im 4. Jahrhundert, genannt nach Arius von Alexandria.
Kaiser Konstantin hatte zwar den christlichen Glauben protegiert und favorisiert, aber die Lehre von den `Zwei Naturen´ und der Trinität ließ sich nur schwer

durchsetzen im Reich. So wie die Goten und alle Germanenstämme glaubte nämlich die Mehrzahl der Christen an Jesus als einen Propheten, inspiriert von Gott, aber ganz und gar nicht als einen Sohn Gottes. Das entsprach auch eher ihrem religiösen Hintergrund. Das Unverständnis für die komplizierte Trinität sollte in den nächsten Jahrzehnten fast zum Ende des Christentums führen, weil nämlich der nächste byzantinische Kaiser Julian wieder zurück zum römischen Heidentum fand. Der darauffolgende Kaiser entschied sich dann für die christlich-arianische Sichtweise vom Propheten. Erst Kaiser Theodosius griff dann streng durch und ließ auf dem Konzil von Konstantinopel die Trinität zum Dogma erklären und bestimmte das trinitarische Christentum zur Staatsreligion. Damit wurden alle anderen zahlreichen christlichen Richtungen als heidnisch und für staatsfeindliche Häresie erklärt.

Wer also nun staatskonformer Christ war, hatte Gründe genug, über die Heiden herzufallen. Da brauchte es keinen Todes verachtenden Drill in der Armee mehr oder Überzeugungskraft, warum man diesen Landstrich nun dem Erdboden gleichmachen, die Menschen versklaven und sich das ganze nutzbar machen sollte – sie waren ja Heiden und jeder fromme Christ erhielt die Aufgabe direkt von Gott selbst, das gotteslästerliche Heidentum zu bekämpfen. Zudem versprach man jedem tapferen Kämpfer, dass er für die Vernichtung des Heidentums in den Himmel kommen würde - was will man mehr?

Seltsamerweise ließ man den germanischen Stämmen ihre arianische Sichtweise. Dies ist darauf zurückzuführen, dass die Germanen inzwischen reichlich im römischen Heer vertreten waren und man auf sie nicht

100

mehr verzichten konnte. Die Germanen stellten eine eigene Macht im Reich dar. Diese aufgrund ihres Glaubens zu bekämpfen, wäre einem Selbstmord gleichgekommen. Pragmatisch wie der Kaiser waren dann auch die Germanen. Als Söldner war es ihnen egal, wofür sie in den Krieg zogen, solange man ihre Eigenheiten tolerierte und sie gut bezahlte. Die Germanen begriffen sich immer als Stamm, der schlicht überleben wollte auf dem Weg ins eigene fruchtbare Siedlungsgebiet. Sie waren als religiöse Eiferer im Dienste einer fremden Macht nicht zu haben. Die in Europa von den Germanen erbauten arianischen Kirchen sind nach dem Sieg des Katholizismus heute nicht mehr auszumachen, aus dem Gedächtnis der Geschichte getilgt wie alles, was nicht der orthodoxen oder katholischen Lehre entsprach. Und so meinen die Menschen bis heute, dass es nur diesen einen spezifischen Glauben geben kann, als hätte es andere nie gegeben.

Christen werden willige Vollstrecker

In den folgenden Jahrhunderten waren die einfachen Christenmenschen nun für die unsinnigsten Ziele der Mächtigen wie Butter in deren Händen: Du bist Christ, deswegen ist es deine Aufgabe! Ganz einfach waren plötzlich Menschenmassen zu dirigieren, manipulieren und in den Tod zu schicken: Für Jesus Christus und Erlösung im Paradies. Und die kriegslüsternen Herrscher rieben sich die Hände: Kein Berufssoldat kämpft so effektiv wie fanatische Gläubige. Und diese sind auch billiger und zahlreicher, sie wollen eben alle nur das Himmelreich und die Ehre des Märtyrertums erlangen.

Als europäische Christen 1099 Jerusalem eroberten, blieb dort niemand am Leben, die frommen Recken wateten knietief in Blut und von heiligem Schauder erfüllt priesen sie Gott. Der Papst hatte eigentlich nur eine mitreißende Rede halten müssen, um ein Heer von Menschen auf einen langen Marsch ins Heilige Land in Gang zu setzen, von denen die meisten gar nicht wussten, wo das war. Dazu brauchte er noch nicht einmal eine genaue Begründung oder eine bezahlte und ausgerüstetes Armee. Christen nahmen voller Inbrunst alles auf sich, um Jerusalem den wilden Ungläubigen zu entreißen, die allerdings in Jerusalem schon lange mit den Christen im Einvernehmen lebten. Christen konnten unter muslimischer Herrschaft unbehelligt und ohne Einschränkungen ihrem Glauben nachgehen und ihre heiligen Stätten und Kirchen besuchen. Darum ging es also nicht! Es war keine Befreiung, es war eine Säuberungsaktion, da Christen eben keinen anderen Glauben dulden konnten. Die muslimischen Heiden mussten vernichtet werden und darüber hinaus nahm man auch weitere Opfer in Kauf: Die in Jerusalem friedlich lebenden Christen wurden gleich mitgemeuchelt, wie sollte man sie im Gemetzel auch unterscheiden. Auch war es mehr als naiv, wenn europäische Christen meinten, sie könnten Krieg gegen den gesamten Islam führen. Tatsächlich wurden die Terrorangriffe verrückt gewordener Christen in den so genannten Kreuzzügen vom Kalifat eher als eine unangenehme Randerscheinung wahrgenommen und haben in keinem Fall jemals die islamische Herrschaft im Nahen Osten ernsthaft bedroht. Der Stauferkaiser Friedrich II hat es dann auch im fünften Kreuzzug auf den Punkt gebracht. Er einigte sich mit dem muslimischen Sultan beim Schachspiel über etwas, was für diesen nie außer Frage stand: Christen dürfen im

Heiligen Land ihre Religion ausüben, bekommen sogar einige Orte und Regionen als christlichen Herrschaftsbereich zugesagt.

Der Papst wütete, so hatte er sich das nicht gedacht. Kreuzzüge sollten vor allem eines zur Folge haben: die Auslöschung von Andersgläubigen oder allem, was anders aussah, Indoktrination und Mobilisierung der eigenen Leute, also Ablenkung von eigenen Missständen, Entlastung der Überbevölkerung, und natürlich die Anerkennung des Papst als uneingeschränktes Oberhaupt, dafür benötigte es ständige Beweise des Gehorsams. Frieden schließen war da nicht vorgesehen. Genau damit hatte der Stauferkaiser besondere Probleme. Die Waffe des Papstes ohne Heer gegen rebellische Untertanen, sogar wenn es sich um den Kaiser des Römischen Reiches Deutscher Nationen selbst handelte, war dann auch tatsächlich sehr einfach und wirkungsvoll: die Exkommunikation, der Verlust des Himmelreiches. Das brachte jeden wieder auf Spur, auch einen Kaiser. Dem Multikulti-Kaiser Friedrich schien das zunächst wenig zu interessieren, dennoch musste er die Sache sehr ernst nehmen, denn welcher Untertan folgt einem Kaiser, der von Gott verlassen ist? Das hatte schon König Heinrich IV erfahren müssen, als der Papst ihn damit zum Gang nach Canossa zwang. Tagelang soll der mächtige König im Büßergewand vor der Burg des Papstes in Kälte und Schnee geduldig auf die Segnung des Papstes gewartet haben – eine Legende, die aber zeigt, dass sich der heiligen Macht des Papstes niemand widersetzen konnte. Und nur aus den Händen des Papstes konnte König Heinrich IV schließlich die Kaiserkrone erhalten, das macht demütig.

Intoleranz und der totalitäre Machtanspruch des Papstes sollte aber noch ganz andere Schlechtigkeiten außer

Mord und Totschlag im Menschen hervorbringen: Die Denunziation. Nur wer mit dem Finger auf andere zeigt, kann vielleicht selbst errettet werden. Dieses hat gerade zurzeit der Inquisition und Hexenverfolgungen unvorstellbare Blüten getrieben und ganze Landstriche entvölkert. Und auch unter Stalin und Hitler war Denunziation gern gesehene Anbiederung im Dienste einer höheren Idee und wurde geradezu zur Tugend.

Heute werden nicht mehr Andersgläubige und jeder, der anders ist und nicht der vorgegebenen Norm entspricht, von Christen in Europa mit einem wohligen Gefühl der heiligen Tat denunziert und abgeschlachtet.

Heute holt man sich anders sein Wohlfühlerlebnis:
Heute pocht man auf sein gutes Recht. Man klagt an, wer sich nicht an die Regeln hält, auch wenn man selbst gar nicht betroffen ist, ganz ungeniert und im Brustton der Überzeugung. Die daraus entstehenden Gerichts-verhandlungen entbehren oft jeder Verhältnismäßigkeit und kosten dem Kläger oft mehr als dem Beklagten. Trotzdem würde er nie aufgeben. Wer selbst den unsinnigsten Regeln und Gesetzen stets gehorsam zu folgen versucht und dann sieht, dass es andere nicht tun, fühlt sich geradezu berufen, wieder Ordnung ins Prinzip zu bringen, koste es was es wolle. Und egal, um welche Prinzipien es sich handelt, auch wenn es nur um einen Blumentopf an der falschen Stelle geht. Etwas aus Prinzip zu tun, ist ein gängiges deutsches Sprichwort, und ein anderes: „Wenn das jeder machen würde." Mit diesen Sätzen würde man in anderen Kulturen nur auf Unverständnis stoßen, denn es gibt kein entmenschlichtes übergeordnetes Prinzip, das Mitgefühl und Verständnis

außer Kraft setzten könnte. Und außerdem tut es eben nicht jeder, sondern jeder ist anders.

Die Ideologie, das Prinzip, der feste Glaube setzen die Grenzen so eng, dass Denunziation dem Denunzianten nicht nur ein persönliches Erfolgserlebnis bringt, sondern auch den Druck der Anpassung ein wenig abbaut. Es tut einfach gut, wenn man sich selbst im Recht fühlt und andere maßregeln kann. Das ist Balsam für das angepasste Ego in einer Welt, die nur Anpassung und Ausgrenzung kennt.

Die Hälfte der Menschheit wird zu Sklaven erklärt

Maria Magdalena spielt in den kanonischen Evangelien eine undurchsichtige Rolle. Dass sie in den Evangelien überhaupt Erwähnung findet und es sogar ein eigenes bis vor kurzem verschollene Maria-Magdalena Evangelium gibt, ist aus kirchlicher Sicht ein Ärgernis. Und so beschloss man in späteren Jahrhunderten Maria Magdalena zur Hure zu erklären, denn eine Göttin, nämlich Maria, gab es ja schon und dass der Sohn Gottes sich mit einer Bürgerlichen sozusagen einlässt, war undenkbar. Eine Göttin durfte entsprechend der Machtzentrale Kirche eben auch keinen Sex haben und was sollte Jesus mit einer Ehefrau ohne Sex anfangen. Die Rolle als aufopferungsvolle Mutter musste als Vorbild für den weiblichen Teil der Gläubigen ausreichen und sollte die bescheidene Frauenrolle in der von der Kirche geleiteten Gesellschaft bis heute prägen.

Nach der verordneten Wartezeit als Jungfrau sollte das Weib ihrem angetrauten Herrn viele Nachkommen bescheren, demütig und bescheiden.

Aber auf keinen Fall sollte sie Sex haben. Da dieses aber nur die Muttergottes bis zur künstlichen Befruchtung bewerkstelligen konnte, waren die Frauen in den letzten fast 2000 Jahren einem permanenten Dilemma ausgesetzt: Kinder kriegen ohne Sex! Man wusste auch schon vor 2000 Jahren, dass das unmöglich ist, also gab man den Frauen das schlechte Gewissen mit auf den Weg: Kinder sind gut, Sex ist böse und nur mit dem Mann, der dich genau aus diesem Grund gekauft, meint geheiratet hat! Also gib ihm viele Kinder und halte still beim Zeugen! Vielleicht kommt ja daher der Name „Nonnenstellung".

Man kann sich vorstellen, dass das Selbstwertgefühl der Frauen in den letzten 2000 Jahren im christlichen Abendland extrem litt. Dummerweise gab es dann auch noch einen Ableger dieser beiden so extrem frauenfeindlichen Religionen Judentum und Christentum, nämlich den Islam. Diese drei Religionen, die alle als obskure Sekten vereinsamter Wüstenregionen hätten enden können, beherrschen heute den größten Teil der Welt und damit das Frauenbild, das aber in vor-monotheistischer Zeit ein ganz anderes war und ganz besonders in vorpatriarchalischer Zeit.

Die Frau im 10. Gebot

Schon mit den 10 Geboten, die Moses von Gott etwa im 13. Jahrhundert vor Christus erhalten haben soll, wird die Frau zum Besitz des Mannes erklärt:

„Du sollst nicht begehren deines Nächsten Haus, Weib, Knecht, Magd, Rind, Esel, noch alles, was sein ist."

Dass die Frau als Sklavin wie der Knecht oder als Besitz wie der Esel des Mannes gilt, war zu diesem Zeitpunkt in anderen Religionen und Kulturen nicht denkbar. Nur die winzige Glaubensgemeinschaft der Juden erklärt die Frau an sich für ein Ding, bestenfalls für einen Sklaven.
An sie sind die 10 Gebote also nicht gerichtet, sondern nur an den Mann.

„Der Gott ist dein Herr, du sollst nicht andere Götter haben neben mir."

Für die Frau ist erst einmal der Ehemann der Herr.

Dass die 10 Gebote als grandiose Ethik der Menschheit bis heute gefeiert werden, ist zutiefst menschenverachtend gegenüber mindestens der Hälfte der Menschen.

Die 10 Gebote und ihr tatsächlicher ethische Wert

1. Ich bin der Herr, dein Gott.
Du sollst keine anderen Götter haben neben mir

Hier fordert ein eifersüchtiger Gott Treue und Gehorsamkeit.
Als Verhaltensregel im Umgang mit anderen Menschen hat dieses Gebot keinen Wert.

2. Du sollst dir kein Bildnis .. machen, ..Bete sie nicht an und diene ihnen nicht! Denn ich, der HERR, dein Gott, bin ein eifernder Gott, der die Missetat der Väter heimsucht bis ins dritte und vierte Glied an den Kindern derer, die mich hassen, aber Barmherzigkeit erweist an vielen Tausenden, die mich lieben und meine Gebote halten."

Dasselbe noch einmal: Gott droht den Menschen, dass sie gehorsam nur ihn anbeten sollen.
Auch dieses Gebot hat keine Relevanz für das menschliche Miteinander.

3. Du sollst den Namen des HERRN, deines Gottes, nicht missbrauchen; denn der HERR wird den nicht ungestraft lassen, der seinen Namen missbraucht."

Wieder geht es nur um den eifersüchtigen Gott und dass man ihn nicht zu oft anrufen soll! Für Banalitäten wollte er nicht missbraucht werden.

4. Gedenke des Sabbattages, dass du ihn heiligest. Sechs Tage sollst du arbeiten …. Aber am siebenten Tage ist der Sabbat des HERRN, deines Gottes. Da sollst du keine Arbeit tun,… auch nicht dein Sohn, deine Tochter, dein Knecht, deine Magd, dein Vieh, auch nicht dein Fremdling, der in deiner Stadt lebt. …

Auch dieses Gebot gilt nur der Anbetung von Gott am heiligen Sabbattag. Dass der Mensch einen Tag ruhen soll, hat ebenfalls nichts mit dem menschlichen Miteinander zu tun. Ob das Ausruhen auch für die Ehe-Frauen gilt, bleibt hier offen, sie werden nicht erwähnt!

5. Du sollst deinen Vater und deine Mutter ehren, auf dass du lange lebest in dem Lande, das dir der HERR, dein Gott, geben wird."

Das erste Gebot, das als moralische Richtlinie tatsächlich hohen ethischen Stellenwert hat.

6. „Du sollst nicht töten!"

Das sagt einem der Instinkt und ist auch zu Moses Zeiten nichts Neues und in allen Kulturen strafbar! Nur Psychopathen müssen darüber nachdenken, ob sie ihrem Gegenüber ein Messer in den Bauch rammen oder nicht. Für alle anderen hat die Natur die Tötungshemmung im Gehirn fest verankert und diese kann nur unter extrem großem Druck außer Kraft gesetzt werden mit Folgen für die Psyche.

7. „Du sollst nicht ehebrechen!"

Dieses Gebot ist speziell, denn es betrifft ausschließlich die jüdische Ehe. In anderen Kulturen wie der ägyptischen hatte zu dieser Zeit die Frau in der Regel zwar auch einen festen Partner, konnte den aber verlassen, wenn es nicht mehr passte. Gott Jahwe ist sozusagen der Erfinder der Ehe auf Lebenszeit und Abschaffung der sexuellen Freiheit. Auf Ehebruch stand dann auch die schlimmste aller Strafen, die Steinigung, natürlich nur für die Frau. Die Ehe auf Lebenszeit ist das erste Gesetz der Menschheit, das die Unabhängigkeit der Frauen massiv einschränkt. Dieses kann aber nicht als moralisch oder ethisch gut gewertet werden.

8. „Du sollst nicht stehlen!"

Auch dieses Gebot scheint eine Selbstverständlichkeit zu sein und wurde ebenfalls in allen Kulturen bestraft. Dennoch hat Stehlen immer nur den Stellenwert, den auch eigener Besitz hat. In manchen Sippen gab es überhaupt keinen eigenen Besitz, so dass auch nicht gestohlen werden konnte. Man konnte sich nehmen, was man brauchte, ob nun vom Brot oder das Pferd zum Pflügen, wie es heute noch in Familien üblich ist. Und brauchte man Essen, Kleidung, Unterkunft oder Unterstützung von Fremden, so war es geradezu sittenwidrig, wenn diese die Hilfe ablehnen würden. Noch heute haben Bettler im Orient ein moralisches Recht auf Unterstützung. Nachbarn, die einen in Krisen nicht aushalfen, wurden gesellschaftlich geächtet. Stehlen war hier also gar nicht notwendig.

Dieses Gebot schützt die Reichen, die mehr haben als sie brauchen, ihre Schätze wie ihren Augapfel hüten und nicht teilen wollen.

Im deutschen Hungerwinter 1946 war es der katholische Kardinal Frings, der das Stehlen rechtfertigte: „Wir leben in Zeiten, da in der Not auch der Einzelne das wird nehmen dürfen, was zur Erhaltung seines Lebens und seiner Gesundheit notwendig ist…" Statt `Stehlen´ sagte man nun `Fringsen´.

Statt „Du sollst nicht stehlen" wäre das Gebot „ Du sollst nicht gierig sein" besser gewesen.

9. „Du sollst nicht lügen!"

Ein moralisch hoher Anspruch, der aber nicht nur selten eingehalten wird, sondern auch als ethische Richtlinie in einer Gesellschaft zu großen Problemen führen kann, wenn wir jedem Menschen sagen, was wir wirklich denken. Höfliche und mitfühlende Menschen lügen laut einer soziologischen Studie im Schnitt 200 mal am Tag, wenn sie zum Beispiel anderen einen Guten Tag wünschen, eigene Sorgen leugnen oder anderen kleine Komplimente machen. „Du sollst deine Mitmenschen gut behandeln" wäre von größerer mitmenschlicher Relevanz, aber bei den 10 Geboten des Moses nicht vorgesehen.

10. Du sollst nicht begehren deines Nächsten Haus. Du sollst nicht begehren deines Nächsten Weib, Knecht, Magd, Rind, Esel, noch alles, was sein ist."

Hier erklärt Gott, was unantastbarer Besitz des Mannes ist und dazu gehören eben auch Menschen und Tiere. Hier manifestiert Gott die Rechtlosigkeit von Tieren und die Versklavung von Menschen. Dass das moralisch verwerflich ist, ist klar.

Und welchen Sinn würde es machen, ein fremdes Haus zu begehren, oder begehrt man nur das uralte orientalische Gastrecht im Haus, was mit diesem Gesetz ausgeschlossen wird.

Fassen wir also die 10 Gebote zusammen:

Die ersten 4 der 10 Gebote betreffen nur den eitlen eifersüchtigen Gott selbst. Das 7. und 10. Gebot regelt die Stellung der Frau als rechtlose Ehefrau und Besitz des Mannes. Bleiben also noch die Gebote 5,6, 8 und 9: Nicht töten, nicht stehlen, nicht lügen. Eigentlich sehe ich nur ein Gebot, dass einen hoher moralischer Stellenwert hat und durchaus Sinn macht als Mahnung:

„Du sollst Vater und Mutter ehren!"

Für erwachsene Kinder ist dieses Gebot nicht unbedingt relevant und kann daher als einziges der 10 Gebote für ethisch wegweisend gehalten werden.

Allerdings schränkt die Bibel in der Schöpfungsgeschichte das schon wieder ein, denn „Darum wird der Mann Vater und Mutter verlassen und an seinem Weibe hängen..." (1.Mose 2.24) .

Sollte die Verehrung von Vater und Mutter sich nur auf das Kindesalter beziehen, so haben wir hier eine klare Anweisung für Kinder, die naturgemäß sowieso von ihren Eltern abhängig sind. Sie sollen sie auch nicht lieben, sondern ehren wie man Gott ehren soll. Dass Eltern ihre Kinder ehren oder lieben sollten, fehlt hier.

Das bedeutet, dass Eltern von ihren Kindern bedingungslosen Gehorsam verlangen können wie sie selbst Gott gegenüber gehorsam sein müssen.

Die 10 Gebote stellen also eine klare Hierarchisierung der Gesellschaft dar:

Ganz oben steht Gott, darunter der Mann, darunter die Kinder und ganz unten die Frau und Knechte, also Sklaven. Die 10 Gebote haben also nichts mit einem einvernehmlichen Miteinander der Menschen zu tun, sondern sind eine Kampfansage an alte egalitäre Gesellschaftsformen, die für Besitz noch keine Definition hatten.

Die oben genannten `10 Gebote´ stehen in dieser Einteilung in der jüdischen Tora, genauso wie in der Lutherbibel. Und noch vor wenigen Jahrzehnten musste jeder Konfirmand sie genauso aufsagen können. Natürlich wurden sie nicht hinterfragt. Es scheint aber in den letzten Jahrzehnten ein Umdenken bei den gläubigen Christen gegeben zu haben und endlich wagte einmal jemand zu fragen, was das denn bedeutet, dass das Weib im 10. Gebot in einem Atemzug mit dem Esel und Rind genannt wird.

Deswegen hat die katholische und die lutherische Kirche nun die `10 Gebote´ verändert: Das Weib wurde aus dem 10. Gebot herausgenommen und bekam ein eigenes. Das 9. Gebot lautet nun: "Du sollst nicht begehren deines nächsten Weib" – Das ist im Prinzip dasselbe, aber nicht mehr so deutlich. Man könnte, wenn man guten Glaubens ist, dem nun eine andere Bedeutung und Wertigkeit zugestehen. Da es aber nur 10 Gebote sein dürfen und nicht 11, wurden die ersten Gebote zusammengefasst und der eifersüchtige Gott ein wenig beschnitten.

Die katholische Kirche war da noch rigoroser und hat das 2. Gebot „Du sollst dir kein Bildnis machen" ganz herausgenommen. Das ist auch verständlich, wenn man sich die Paläste der Institution Katholische Kirche ansieht, die den Gläubigen als ihre Kirchen und Kathedralen verkauft werden, zur religiösen Erbauung, überbordend mit Bildern und Darstellungen von Gott und dem Göttlichen von einem Wert, der überhaupt nicht mehr zu ermessen ist. Man macht sich in diesen Kathedralen nicht nur ein Bildnis von Gott, sondern ebenso vom pompösen Reichtum der Kirche selbst. Auch wenn die Kirche versucht, die teure Kunst umgeben von den teuersten Materialien in gigantischen Bauwerken als inspirierende spirituelle Stütze für die Gläubigen zu verkaufen, wirkt das Ganze doch eher einschüchternd und genau das sollte es wohl auch. Und wie inspirierend ist es denn, den unbenennbaren Gott, von dem man sich kein Bildnis machen darf und dessen Namen man kaum zu nennen wagt, sich als alten Herrn mit Rauschebart vorzustellen, umgeben von fetten Engeln?

Die Ehe - eine Erfindung des Judentums zur Unterdrückung der Frau

Der Monotheismus mit seinem eifersüchtigen Gott fordert unbedingten Gehorsam bis zur Selbstaufgabe und kennt keine Toleranz. Entsprechend sollte die Frau sich auch ihrem Mann unterwerfen. Die verordnete Jungfräulichkeit bis zur Ehe wurde für die Frau zur Frage der Existenz. Nur ihr angetrauter Gatte sollte jemals in den Genuss kommen, sie sexuell ausbeuten zu können. Frauen sollten ohne jede sexuelle Erfahrung in die Ehe gehen, und auch sonst nur den Sex mit ihrem Herrn kennen. Sie hatten also niemals Vergleichsmöglichkeiten und durften nicht über ihren eigenen Körper verfügen. Der Mann konnte mit ihr machen, was er wollte. Erst 1994 wurde die Vergewaltigung in der Ehe ein Straftatbestand. Und das hat deshalb so lange gedauert, weil es eben üblich und gängige Praxis war, also fast Kulturgut der heiligen Ehe. Da die Frau schon früh lernte, sich den sexuellen Bedürfnissen des Mannes unterzuordnen, ja selbst gar keine Bedürfnisse haben sollte, und eine leidenschaftliche fordernde Ehefrau den Mann eher beängstigte und schnell an ihrer Treue zweifeln ließ, war dann die Grauzone zwischen normalem Sex und einer Vergewaltigung extrem groß. Die Entjungferung in der Hochzeitsnacht war für viele Frauen der Beginn lebenslanger Vergewaltigung und viele Frauen kannten gar nichts anderes und hielten das für normalen Sex. Noch heute täuschen Frauen ihren Männer einen Orgasmus vor, Hauptsache der Mann fühlt sich wohl mit ihr. Sollte eine Frau sich außerhalb der Ehe das holen wollen, was sie vom eigenen Mann nicht bekommt, so war sie in alten Zeiten des Todes und noch bis 1976 wurde sie schuldig geschieden und damit der

Armut und Verachtung preisgegeben. Derartige Selbstbestimmung war eben für die Frau nicht vorgesehen. Für Männer dagegen war es selbstverständlich, dass sie ihre sexuellen Bedürfnisse auch auf andere Frauen ausweiten konnten. Diese waren dann die Huren, die man jederzeit rechtlich wie gesellschaftlich fertig machen konnte, wenn sie Probleme machten, bis heute. Was für ein armseliges Leben mussten nun die Frauen unter der strengen Aufsicht der christlichen Kirche führen, ihrem Ehegatten auf Gedeih und Verderb ausgeliefert, hatten sie wie Sklaven keinerlei Rechte und ihre alles bestimmende Pflicht war, für ihren Mann da zu sein, bis dass der Tod sie schied! Für Frauen noch vor 50 Jahren war es ein Glück, wenn sie einen Mann oder besser gesagt einen Herrn abbekamen, der einer geregelten Arbeit nachging, nicht soff und die Frau nicht schlug – dann war es ein guter Ehemann. Mehr hatte eine Frau vom Leben eben nicht zu erwarten, im Kindersegen lag ihre Erfüllung. Über Sex zu sprechen schickte sich nicht für die anständige Frau, denn der war schmutzig und so kannte die Frau nichts anderes als was ihr Mann ihr bot. Sie erduldete alles ohne je auf die Idee zu kommen, dass das nicht normal sein könnte; für sie wurde es zur Normalität. Und nicht nur das, Frauen waren dazu aufgerufen, sich zu opfern und jedes Leid in Demut zu ertragen, das gereichte ihr zur Ehre und damit konnte sie sich gesellschaftlich profilieren und wurde geachtet. – Ein Frauenbild, das bis heute seine Nachwirkungen zeigt.

Heute verlangt der gesellschaftliche Status den Frauen einiges ab: Sie ist beruflich erfolgreich, hat genauso erfolgreiche Kinder, einen Mann und Freunde zum Vorzeigen, zahlt ihre Raten für das eigene Auto und das

Haus im Grünen, ist schön, fit und sexy und verbringt ihre Freizeit mit interessanten Themen und Reisen. Das hat seinen Preis.

Man hält diese Frauen nicht für verrückt oder bemitleidet sie, dass sie sich so verausgaben, nein man bewundert oder beneidet sie, auch wenn anschließend der Burnout die Folge ist, ausgerechnet dann, wenn die Schwiegermutter gepflegt werden will. Dass eine Frau heute nicht Fahne schwenkend ihre Freiheit zu entscheiden genießt, sondern sich den gesellschaftlichen Anforderungen demütig stellt und sie mit aller Kraft zu meistern versucht, gereicht ihr immernoch zur Ehre.

Das Ende des Christentums

Was ist nun aus der Frohen Botschaft des Gesalbten geworden, der uns doch von Sünde frei gewaschen hat. Sünde war nach katholisch-kirchlicher Auffassung nicht Mord und Folter, sondern nur noch Ungehorsam.
Wer heute von der Kultur des christlichen Abendlandes spricht, meint eine Kultur von Unterwürfigkeit und Gehorsam, sie nennen es gerne „Treue und Glaube", unter ein höheres wie auch immer geartetes Ziel, worauf

116

der kleine Mann keinen Einfluss hat. Darauf konnte Hitler und auch Stalin im orthodoxen Russland aufbauen und beide natürlich auf den fest verankerten Antisemitismus. Vorauseilender Gehorsam unter Ausschaltung des eigenen Gewissens ist wie Denunziation und dient nur einem Zweck: Sich selbst zu retten und in allen anderen nur das Böse zu sehen. Sind das die christlichen Werte?

Hat die Industrialisierung, der Kolonialismus, der Materialismus und Kapitalismus, der real existierende Kommunismus, die Leistungsgesellschaft, der Individualismus und die gnadenlose Ausbeutung von Mensch und Natur ihre Wurzeln im Abendland, weil der Mensch in der christlichen Kultur nur immer sein ganz persönliches eigenes Heil im Auge hatte ohne Rücksicht auf Verluste, gleichzeitig getrieben von Angst vor Ausgrenzung und Versagen? Lähmende Angst und von der kirchlichen Macht vorgegebene Lösungen haben aus einem sozialen freien und mitfühlenden Menschen Terroristen gemacht. Die im Christentum innewohnende Intoleranz mündet schließlich in der Diffamierung von allem, was gerade nicht passt. Ausgrenzung ist Programm im Christentum, nur so kann sie den Rest bei der Stange halten.
Und Angst vor dem Versagen oder der Ausgrenzung macht feige. Aber nur mutige, selbstbewusste und offene Menschen erkunden das Neue und können das Fremde respektieren. Und so war es ein Leichtes, diese von Angst gesteuerten und im Selbstdenken gelähmten Menschen auf andere zu hetzen, mit dem einfachen wenn auch völlig sinnfreiem Argument, dass diese ja keine Christen wären. Dieser Terror ließ sich auf alle möglichen Gruppen anwenden, da man dazu nicht logisch denken

und auch kein Gewissen braucht. Ob Kommunisten, Juden, Ausländer, Arbeitsscheue und auch nur Versager der Leistungsgesellschaft, sie mussten bestraft werden, wenn man auch nicht wirklich begriff ´Warum´ und ´Für was´. Aber wer fragt nach dem Warum, wenn es der eigenen geschundenen Seele etwas Erleichterung bringt. An diesen so genannten Fremden und Ausgegrenzten konnte sich nun der angestaute Frust entladen. Im Glauben fest und ungehemmt massakrierte und versklavte man Jahrhunderte lang den Rest der Welt. Und sogar die eigenen Christen in der Industrialisierung ließ man für den Mehrwert verrecken, diese waren eben ökonomisch ausgegrenzt und deshalb der Entmenschlichung preisgegeben. Der Holocaust ist der Gipfel der durch die Kirche seit 2000 Jahren entfachten Hetze vor allem auf die Juden.

Das Prinzip der Ausgrenzung und Anpassung zieht sich bis in unsere Zeit und paralysiert unsere ganze westliche Gesellschaft. Nur so ist auch der Konsumwahn, die Finanzidiotie und das nie enden wollende Wirtschaftswachstum zu erklären. Auch wenn wir genau wissen und es uns jeden Tag gezeigt und erklärt wird, dass unser Wirtschaftsverhalten den Rest der Welt umbringt und dessen Umwelt zerstört, so meinen wir doch nichts dagegen tun zu können. Warum nicht? Weil es uns ganz unmöglich erscheint, uns diesen Regeln nicht zu unterwerfen und nicht dabei selbst aus der westlichen Konsumgemeinschaft ausgeschlossen zu werden. Mit Bedauern nehmen wir dann das Elend der anderen hin, aber daran sind wir ja seit Jahrhunderten gewöhnt und Erklärungen finden wir dann auch gleich: Die sind selber schuld, eben zu faul und zu dumm, das hat Ausgrenzung verdient!

Einem freien und selbstbestimmten Menschen ist es ganz und gar fremd, andere für minderwertig zu halten. Selbstliebe führt auch immer zu Liebe und Achtung des anderen und um so fremder der andere, desto neugieriger ist der frei bestimmte Geist, und zwar auf Augenhöhe.

„Du sollst deinen Nächsten lieben wie dich selbst"

Von Angst zerfressene Seelen können aber nicht sich selbst lieben, sie hassen sich sogar und so hat dieses zunächst so hehre Postulat Jesu unter diesen Bedingungen katastrophale Auswirkungen auf die Mitmenschen. Seit Jahrhunderten erklärt die Kirche, dass man das Leid im Diesseits ertragen muss, da ja auch schon unser Herr Jesus so leiden musste, für die Erlösung im Jenseits. Das Leiden Jesu immer vor Augen, erträgt der Mensch Unterdrückung und Terror. Gehorsamkeit ist das ganz offiziell verkündete oberste Gebot der Kirche. Ein so gedemütigter Mensch kann dann auch für andere keinen Respekt empfinden. Und sieht man dann eine Möglichkeit, sich als geschundene Persönlichkeit besser zu fühlen, so ergreift man sie schnell, indem man andere für noch minderwertiger erklärt als man sich selbst fühlt. Nur so ist die programmmäßige Entmenschlichung anderer möglich gewesen und Christenmenschen haben ohne Skrupel Kinder und Alte getötet oder ganze Völker ausgerottet. Die durch Jesus erfolgte Vergebung der Sünden sollte doch eigentlich den Sündenfall im Paradies rückgängig und den Menschen zum Ebenbilde Gottes machen, ihn sozusagen vergöttlichen, was nach urchristlicher Sicht dazu führen müsste, dass wir Gott in jedem Mitmenschen sehen. Mit der christlichen Staatsreligion und der Machtzentrale Kirche kam jedoch statt Vergöttlichung die Entmenschlichung.

119

Die Demokratie, der Rechtsstaat und die UN-Resolutionen nach dem zweiten Weltkrieg haben mit großem Erfolg diesem menschenverachtenden Egozentrismus und der daraus entstandenen Zerstörungswut für alles was man nicht kennt, Grenzen gesetzt. Und seitdem hat der christliche Glaube immer weniger Bedeutung für die Menschen. Religiosität geht gerade in den letzten Jahrzehnten von Frieden, Wohlstand und Sicherheit radikal zurück. Wir erkennen, dass verbohrte Intoleranz uns an den Rand des Abgrunds getrieben hat und wagen nun endlich, uns Neuem zu öffnen.

Der christliche Glaube bleibt aber trotzdem die Basis der westlichen Kultur. Was bedeutet, dass wir die kirchlichen Moral- und Ethikvorstellungen immer noch verinnerlicht haben und unbewusst streng befolgen. Sie sind Grundlage und allgemein anerkannter Konsens unseres gesellschaftlichen Miteinanders geworden, ohne dass wir diese hinterfragen. Noch können wir uns nichts anderes vorstellen, als mit einem einzigen Partner fürs Leben eine Kleinfamilie zu gründen, diese in den Mittelpunkt allen Denkens und Handelns zu stellen und dafür soviel Wohlstand und Absicherung wie möglich zu erarbeiten. Aber nicht soviel wie man braucht, sondern soviel wie man benötigt, um den anderen zu zeigen, dass man besser ist, also für Status, der demonstriert, dass man die geltenden Regeln erfolgreich befolgt und für Ausgrenzung, was den anderen klar machen soll, dass sie nicht zum elitären Kreis dazugehören können. Da es immer jemanden gibt, der noch besser ist, dreht sich das Hamsterrad immer weiter, einem fernen unerreichbaren

Ziel entgegen; eine Spirale der Rücksichtslosigkeit und des Egozentrismus und der Selbstauflösung.

Dass ausgerechnet die reiche und abgesicherte westliche Zivilisation heute massiv unter Angstpsychosen und Depressionen leidet, mehr als jedes andere Volk der Welt, das nicht gerade Terror und Krieg ausgesetzt ist, hat auch etwas damit zu tun, dass man trotz aller Anstrengungen, den Herausforderungen dieser Gesellschaft gerecht zu werden, nicht das Heil erlangt. Man ist eben nicht glücklich, wenn man nur gerade den geltenden Regeln gehorcht, auch wenn man dadurch reich und anerkannt ist.

Gründung und Absicherung einer eigenen kleinen Familie und Anhäufung von Besitz ist eben kein Naturgesetz und war in der Steinzeit bis hinein ins Altertum bei vielen Völkern unbekannt und ganz und gar nicht Ziel allen Strebens und Wünschens.

Und nun erwischt man sich dabei, wie man sich fragt: Ja wofür haben die Menschen denn gelebt? Dass wir uns eine andere Lebensform überhaupt nicht mehr vorstellen können, ist der Beweis, wie sehr wir die von Menschen und nicht von der Natur aufgestellten Regeln verinnerlicht haben und sie für unbedingt zwingend halten.

Die Frau kommt aus der christlichen Falle nicht heraus

Das Ergebnis Jahrhundert langer christlicher Sozialpolitik ist dann auch die immer noch als minderwertig geltenden Arbeiten und Aufgaben der Frau. Oder warum lassen sich deutsche Frauen ohne Murren gefallen, dass sie für die gleiche Arbeit 20 % weniger Lohn bekommen als Männer. Und warum werden soziale Berufe schlechter bezahlt als technische Berufe? Die einen kümmern sich um Menschen, die anderen um den vermeintlich wichtigen Fortschritt, oft mit katastrophalen Folgen für Mensch und Natur. Frauen im christlichen Abendland zeigen trotz überdurchschnittlicher Bildung und Gesetze zur Gleichstellung wenig Selbstbewusstsein. Der versorgende Mann fürs Leben steht immer noch im Mittelpunkt ihres Interesses. Eine Studie hat gezeigt, dass deutsche Frauen mehrheitlich ihre Männer nach Status auswählen, während für deutsche Männer das Aussehen der Frau entscheidend bei der Partnerwahl ist. Das sagt doch alles!

Erfolg macht sexy, das gilt aber nur für Männer; erfolgreiche Frauen wirken dagegen eher abschreckend auf Männer. Die Unterwürfigkeit der Frau wurde seit Jahrhunderten kultiviert. Frauen sollen hübsch, lieb, leise und zurückhaltend sein, keine Widerworte geben, Verständnis für alles und jeden haben und kuschelige Harmonie und Geborgenheit versprühen und natürlich Hilfsbedürftigkeit signalisieren. Daran hat sich der Mann seit ewigen Zeiten gewöhnt, das gibt ihm ein starkes, gutes und vertrautes Gefühl.
Aber auch die Frau hat im Laufe der Jahrhunderte ihre Rolle perfekt verinnerlicht, ausgebaut und verfeinert. Sie kann auf der Klaviatur der Gefühle ihrer Mitmenschen virtuos spielen, ohne jemals dabei offen, direkt oder ehrlich sein zu müssen und ohne dass die Männer das merken! Frauen meiden den offenen Angriff, statt dessen beherrschen sie die Intrige, welches in ihrer völlig rechtlosen Situation der einzige Weg zu Einfluss war.

Durch ihren ehemaligen hohen Status als Mutter und Fürsorgerin eines ganzen Clans verfügen sie seit Urzeiten über große soziale und emotionale Kompetenzen. Isoliert in der Kleinfamilie und vom Patriarchat handlungs- und entscheidungsunfähig gemacht, setzt sie diese nun ausschließlich zum Schutz ihres Mannes und ihrer Kinder ein. Der Weg zu Macht und Einfluss war für Frauen immer nur durch die psychologische Hintertür möglich.

Und auch heute noch gehen viele Frauen leider lieber diesen Weg als den direkten. Direkt werden sie dagegen im Umgang mit Konkurrentinnen, also anderen Frauen. Diesen signalisieren sie unverblümt: „Komm meinem Mann nicht zu nahe, das ist meiner!" Obwohl ursprünglich die Gemeinschaft der Frauen die Basis jeder Gesellschaft darstellte, hat sich das durch die existentielle Konkurrenz um den Mann ins Gegenteil verkehrt. Heute bezieht sich der meiste Tratsch der Frauen auf andere Frauen. Kein Mann geht so kritisch mit den Frauen ins Gericht wie die Frau selbst. Sie besteht dabei so rigoros auf Anpassung und die Einhaltung von gesellschaftlichen Regeln, auch wenn es gar nicht mehr darum geht, lästige Konkurrenz auszuschalten. Andere Frauen niederzumachen ist zum Selbstläufer geworden, zu dick, zu viel Lippenstift, irgendwie ist sie anders, eigenartig, was kein Kompliment ist!

Männer dagegen haben durch die geschwächte Stellung der Frau seit Jahrhunderten allein die Last der Verantwortung zu tragen und reagieren auf Frauen instinktiv mit einem ausgeprägten Beschützerinstinkt, weswegen gerade schwache und hilfsbedürftige Frauen bei Männern bis heute gut ankommen. Starke Frauen irritieren sie, da die Gefahr besteht, dass sie ihren Machtbereich beschneiden könnten. Sie haben eben nicht gelernt, Macht an Frauen abzugeben, weil sie ihnen einfach nicht trauen können. Dass Frauen minderwertig, unfähig und verlogen sind und mit bösen Absichten die Männer nur verführen wollen ist seit Jahrhunderten von der Kirche in unzähligen Predigten und theologischen Abhandlungen ausreichend dargelegt und bewiesen worden, weiß man also und ist bis ins 20ste Jahrhundert gelebte Ehe-Realität. Noch in den 70er Jahren haben Männer in Talkshows ohne den geringsten Zweifel oder Widerspruch diese Meinung vertreten und dabei nicht ihr Gesicht verloren, wohl wissend, dass das dem allgemeinen Konsens entspricht und viel Zustimmung findet. Über 40 Jahre später misstrauen die Herren der Chefetagen immer noch den Frauen.

Leider sprechen Männer und Frauen auch nicht dieselbe Sprache. Ja die Frauen haben sich sogar einen unnatürlichen Piepston angewöhnt, sprechen ununterbrochen Banales und versuchen mangels Handlungsfähigkeit mit Reden jedes Problem zu lösen. Ein Überbleibsel aus machtlosen Zeiten, in denen die Frau mit lieblichem, inhaltslosem Gesäusel den Mann versuchte einzulullen, um dann unbemerkt ihr Ziel erreichen zu können. Denken wir da nur an die Erzählerin der 1001-Nacht-Geschichten, die damit sogar ihren Tod abwenden konnte.

Der Mann dagegen ist von dieser Taktik völlig überfordert und spürt instinktiv, dass er manipuliert wird, findet aber keine Sprache, um das ausdrücken zu können. Seine Sprache beschränkt sich mit kräftigem oft drohendem Ton auf seine Aufgaben als Fürsorger, also weitestgehend auf seinen Beruf.

Heuchlerischer Piepston trifft auf bedrohliches Kriegsgeschrei – das kann nicht funktionieren.

Das Selbstverständnis von Mann und Frau ist derartig verkorkst durch die verordneten Identitäten der christlichen Kirche der letzten Jahrhunderte, dass Männer wie Frauen heute nicht mehr wissen, was sie denken oder fühlen sollen, dürfen, können. Die alten Rollen greifen nicht mehr, aber neue stehen eben auch nicht zur Verfügung genauso wenig wie eine Sprache dafür.
Es gibt auch keine wirklich gesellschaftlich allgemein anerkannte und ausreichend aussagekräftige sowie feinfühlige Sprache für Sex zum Beispiel oder es fehlt an Worten für diffuse Gefühle und Stimmungen, was für eine ehrliche und gleichberechtigte Partnerschaft oder Liebesbeziehung aber von großem Wert wäre. Wir spüren instinktiv ein großes Defizit, können aber nicht wirklich sagen `Warum´? Wir fühlen uns einfach nicht wohl in unserer Haut.

Gucken wir doch einmal in eine ganz andere Kultur, die wesentlich älter ist als die christliche und auf den ersten Blick können wir kaum glauben, dass es so etwas gibt:

Vergessene Kulturen

Frauen wählen ihre Männer grundsätzlich nur nach Schönheit und Einfühlsamkeit. Sie müssen in erster Linie gut im Bett sein, versagt der Mann, ist ein Grobian oder taktlos, kann er gehen. Er sollte außerdem ein Poet sein, singen und tanzen können und natürlich Humor haben. Eine Frau möchte einen schönen, zärtlichen Mann, der sie kunstvoll umgarnt. Und er muss sehr genau wissen, wie eine Frau sexuell zu befriedigen ist.

Welchen Status er hat, wie reich oder anerkannt er ist oder welchen Beruf er hat, spielt absolut keine Rolle, weil die Frau den Mann nicht als Versorger oder zur Aufwertung ihrer selbst benutzen muss.

Auch möchte die Frau den Mann nicht ständig um sich haben. Er sollte unabhängig sein und sich um seine eigene Sippe kümmern. Es gibt keine Eheschließung! Die Kinder werden von der Sippe der Frau aufgezogen und kennen oft genug nicht ihre Väter. Vaterschaft spielt keine Rolle und dass die Kinder von unterschiedlichen Männern sind, ist normal. Die Sexualpartner sind nicht die Lebenspartner und können je nach Vorlieben gewechselt werden. Wie oft und mit wem eine Frau Sex hat, geht keinen etwas an und ist kein Gesprächsthema. Die Sippe ermuntert ihre 14-jährigen Töchter, sexuelle Erfahrungen zu sammeln und wenn ein Mädchen sich noch mit 16 keinen Jungen ausgesucht hat für die Nacht, macht die Sippe sich Sorgen. Sex ist wichtiger Bestandteil des Lebens, aber von keiner existentiellen Bedeutung. Sex und Liebe heißt nicht Bindung an einen Mann, sondern Vergnügen und willkommene Kinder für die Sippe der Frau.

Sie fragen sich jetzt: So was gibt's? Und kann das denn funktionieren? Oder ist das gar unsittlich?

Die Mosuo-Frauen in China

Ja es gibt diese Kultur und zwar sogar noch im 21.Jahrhundert, versteckt in den Bergen Chinas und damit weitestgehend verschont von der westlichen

Zivilisation. Heute kann man diese Menschen besuchen und interviewen. Besonders beeindruckend sind die Fröhlichkeit und das Selbstbewusstsein der Frauen. Sie sind heute bekannt als die Mosuo-Frauen. Und Mosuo-Frauen scheinen ihre Männer sehr zu lieben: „Sie sind manchmal sehr faul, liegen am Feldrand während wir die schwere Arbeit tun, aber wir lieben und brauchen sie!", verkündet eine im Fernsehinterview und lacht dabei herzhaft, wohl in Erinnerung an die letzte Liebesnacht. Mit der Öffnung und medialen Bekanntwerdung dieses außergewöhnlichen Volkes strömten unzählige Männer in die Berge der Mosuo-Frauen, zunächst Chinesen. Schockiert stellten die fröhlichen Frauen fest, dass man sie für kostenfreien Sex zu bekommen glaubte. „Männer von außerhalb halten uns schlicht für Huren!", auch wenn die Mosuo-Frauen zunächst nicht wussten, was eine Hure ist, waren sie ob der Respektlosigkeit der Männer doch sehr irritiert und fühlten sich gedemütigt wie sie das eigentlich nicht kannten und erst langsam begriffen, wie diese Männer denken. Heute erklären sie laut und deutlich, dass sie für diese fremden Männer nicht zu haben sind, weil für diese Männer Sex Unterwerfung und schlichte Benutzung der Frau bedeutet. Die Mosuo-Frauen sind aber an Männer gewöhnt, die sie nicht nur respektieren, sondern all ihr Liebeskunst anwenden, um ihnen Freude zu bereiten mit der entsprechenden Resonanz, die Mosuo-Frauen so attraktiv macht. Mosuo-Frauen verstrahlen einen Charme und eine Schönheit, die selbst für Menschen im Westen, die an asiatische Gesichter nicht gewöhnt sind, so betörend wirkt.

Aber wie kommen die Männer der Mosuo-Frauen damit zurecht? Möchten sie denn nicht eine Frau ganz für sich allein haben? Und ist es nicht schwer, keine eigenen Kinder zu haben?

Die Mosuo-Männer verstehen diese Fragen nicht. Ihr Lebensmittelpunkt ist die eigene Sippe, in der alle von der mütterlichen Seite abstammen. Ein Leben lang bleiben sie Teil dieser Sippe, nur für Sex besuchen sie andere Sippen. Die Kinder ihrer Schwestern sind ihre Kinder, die sie großziehen und versorgen. Sollten aus ihren sexuellen Abenteuern Kinder in anderen Sippen entstehen, so interessiert sie das genauso wenig wie Verhütung. Ob eine Frau ein Kind haben möchte oder nicht, ist allein ihre Entscheidung und ihre Verantwortung.

Mosuo-Männer sagen, sie wären die freiesten und glücklichsten Männer der Welt und ihr Liebesleben sei reich und ausgefüllt.

Flirten und Werben findet in der Öffentlichkeit statt, hat einen hohen kulturellen Stellenwert und ist Basis vieler musischer Ausdrucksformen.

Die Sippe wird naturgemäß von der ältesten Frau geführt, von der jeder in der Sippe abstammt. Schwestern und Brüder, Söhne und Töchter, Nichten und Neffen führen gemeinsam den Hof, die Landwirtschaft, den Betrieb. Die Männer der Sippe verlassen diese für eine Nacht oder eine Zeit für eine Liebschaft in einer anderen Sippe. Manche verbringen Jahre dort, die meisten kehren aber wieder zurück. Es wird gern gesehen, wenn sich die fremden Männer nur nachts im Haus aufhalten und am nächsten Morgen rechtzeitig vor Sonnenaufgang das Haus wieder verlassen. Ist die Liebe zwischen einem Mann und einer Frau so groß, dass sie meinen für immer zusammenleben zu wollen, was sehr ungewöhnlich ist, so erhalten sie ein Stück Land, um dort eine neue Sippe gründen zu können. Oberhaupt bleibt allerdings immer

die Frau, da sie die Kinder zur Welt bringt, diese also auch bei wechselnden Partnern immer alle von ihr abstammen, was die Verbundenheit in der Sippe ausmacht. Vaterschaft spielt wie erwähnt keine Rolle und der Mann kann jederzeit gehen, wann immer er will, ohne Verantwortung übernehmen zu müssen. Auch gibt es kein persönliches Eigentum in der Sippe. Frauen erhalten mit der Volljährigkeit von 14 Jahren ihr eigenes Zimmer, um nächtlichen Besuch empfangen zu können. Alle anderen schlafen rund um den wärmenden Kamin.
Ansonsten gehört alles allen und unter Vormundschaft der Ältesten werden alle Entscheidungen gemeinsam getroffen.
Diese Gesellschaften nennt man matrilinear, also die Mutterlinie ist der Kitt, der diese Gemeinschaft zusammenhält.

Als die Menschen sesshaft wurden....

Nun könnte man denken, dass so eine ungewöhnliche Gesellschaftsform den Köpfen einiger machtbesessener Frauen entspringt. Tatsache ist, dass matrilineare Gemeinschaften die ursprüngliche Gesellschaftsform der Menschheit darstellen und erst mit der Sesshaftigkeit, dem Anhäufen von persönlichem Besitz und der daraus resultierenden Vorherrschaft der Männer vor etlichen Tausend Jahren beendet wurde. Die Männer wollten schließlich nicht nur Schafe und Land ihr eigen nennen, sondern auch die Frau und ihre Kinder. Die Möglichkeit, seinen ganz persönlichen Claim abzustecken und darauf sein eigenes Haus mit eigenem Vieh haben zu können, hat die Sinne der Männer so verwirrt, dass sie der

Meinung waren, dass dieser mühselig erarbeitete und vor gierigen Eindringlingen verteidigte Besitz ja mit ihrem Tod nicht einfach dem bösen Nachbarn zufallen durfte, sondern zu mindestens gefühlt eigener Besitz bleiben muss. Und da mussten eben die Kinder herhalten und die durften natürlich auch nicht vom bösen Nachbarn sein. Eigene Kinder zu haben bedeutete der größenwahnsinnige Wunsch, über den eigenen Tod hinaus seinen Besitz gesichert zu sehen. Und eigene Kinder kann man nur haben, wenn man auch die Frau dazu besitzt und eifersüchtig darüber wacht, dass sich ja niemand anders ihr nähert. Vaterschaft wurde für den Mann zur existentiellen Frage, um nicht letztendlich sein Leben lang für den bösen Nachbarn geschuftet zu haben.

Der Mann erhob sich also über die große Mutter und hielt sich Frauen wie in einem Gefängnis, die seine „Nachkommen", wie Kinder schließlich bezeichnenderweise genannt wurden, austragen sollten. Und um seinen Nachbarn eines auszuwischen, fing er an, seinen Besitz zu vermehren und damit zu prahlen. Alles was eine Sippe vorher zur Benutzung hatte, war den Lebensumständen geschuldet und stand jedem zur Verfügung. Nun besaß man, um sich zu schmücken und hervorzuheben und sich über andere zu stellen. Aber nur besser gestellt als andere zu sein, reichte dann auch bald nicht mehr. Macht macht süchtig: mehr Besitz, größere Häuser, mehr Frauen, mehr Kinder und warum sollte man sich nicht einfach holen, was andere besaßen….und schon zogen die Männer in den Krieg, stahlen, plünderten, vergewaltigten.

Matrilineare Gesellschaften sind egalitär

Dass dieses in Zeiten der Großen Mutter nicht der Fall war, belegen archäologische Ausgrabungen, zum Beispiel in Catal Höyük in der Türkei. Es ist das erste bisher bekannte befestigte Dorf der Menschheit, in dem immerhin 2000 Menschen sesshaft waren vor über 8000 Jahren. Kein Haus ragt besonders über das andere hinaus, alle Häuser sind gleich ausgestattet. Es ist nicht zu erkennen, dass dieses Dorf von irgend jemandem geführt wurde, der das durch seinen Besitz auch sichtbar zum Ausdruck brachte. Es scheint eine egalitäre Gesellschaft gewesen zu sein. Gleichwohl hat man viele kleine Statuen gefunden, die dicke, alte Frauen darstellen, eine sogar auf einem Leopardenthron.

Figuren dieser Art hat man weltweit gefunden und eine der ältesten ist die sogenannte „Venus von Willendorf", die 38.000 Jahre alt ist. Man geht davon aus, dass diese kleinen Skulpturen die besondere Verehrung der Mutter darstellen. Alt und dick bedeuten, dass sie gesund ein hohes Alter erreichte und Mutter vieler Kinder war. Und genau darin liegt die Verehrung.

Da Vaterschaft in diesen Gesellschaften keinen Stellenwert hatte, war es allein die Frau, die die Sippe mit gesundem Nachwuchs versorgte. Ganz allein die Frau gab damit der Sippe überhaupt eine Zukunft und erlangte somit an Bedeutung, die gar nicht überschätzt werden kann.

Dieses findet Ausdruck in den zahlreichen Skulpturen,

die starke stolze Frauen darstellen, die aber offensichtlich ihre hohe soziale Stellung nicht in materiellem Reichtum umsetzten, wie die Ausgrabungen in Catal Höyük beweisen.

Trotz Patriarchat und steigende Macht des Mannes über die Frau als Gebärerin der väterlichen Kinder war der Mutterkult in den folgenden Jahrtausenden nur schwer auszurotten und die große Bedeutung der Mutter als Lebensspenderin, Ursprung und Wurzel jeder Gemeinschaft wurde sogar noch von den alten Griechen vor 2500 Jahren leidenschaftlich diskutiert. In einem griechischen Drama des Aischylos wurde der Muttermord, ein Sakrileg, auf das bis dahin die Todesstrafe stand, erstmalig in einer Art Gerichtsverhandlung unter den Göttern thematisiert und hinterfragt und schließlich die Todesstrafe dafür aufgehoben – eine Zäsur in der Geschichte der Frau, wie Experten meinen.

Von der großen Bedeutung der Mutter blieben in den patriarchalischen Religionen der letzten 2500 Jahren die Fruchtbarkeitsgöttinnen und bei den Christen die Mutter Maria übrig.

Heute gibt es nur noch wenige matrilineare Gesellschaften in abgelegenen Gebieten der Welt. Eine davon in West-Sumatra.

Es heißt die Minangkabau-Frauen hätten als einziger Volksstamm in Indonesien sich den holländischen Kolonialismus vom Hals halten können. Dieses erreichten sie ausschließlich durch unermüdliche Verhandlungen. Darin waren sie sehr geübt. Aber böse Zungen würden jetzt anmerken, dass Frauen schon immer einen in Grund und Boden geredet haben. Nein, das Minangkabau-Volk wusste natürlich, dass holländische Christen wenig auf Frauen hören würden und schickten ihre Männer, nachdem sie sie in Rhetorik, gutes Benehmen und Diplomatie ausgebildet hatten. Matrilinear heißt eben nicht matriarchal, also nicht die Herrschaft der Frauen, sondern der Konsens der Gemeinschaft ist Grundlage aller Handlungen, das heißt reden bis sich alle einig sind. Heute ist das Volk der Minangkabau jedoch islamisch infiltriert und es gibt die monogame Ehe. Der Mann zieht allerdings in das Haus der Frau und nicht umgekehrt wie in patriarchalischen Gesellschaften. Minangkabau heißt „Die Glücklichen".

Noch etwa 8 Millionen Menschen leben in dieser Gesellschaftsform, die Khasi in Ostindien, die Tuareg in Afrika und die Wayuu in Südamerika. Und man geht davon aus, dass dieses die ursprüngliche von Menschen geführte Gesellschaftsform ist, die sich aus den natürlichen Umständen und Anforderungen automatisch ergeben hatte, also weder religiös noch ideologisch verzerrt wurde. Es ist also die Gesellschaftsform, die nicht nur die Minangkabau so glücklich machen würde, da sie unseren natürlichen Bedürfnissen am nächsten kommt.

Ein natürliches Bedürfnis ist Liebe, Schutz, Geborgenheit und Versorgung. Das leistet naturgemäß erst einmal die eigene Mutter. Diese kann aber nicht ihre Kinder alleine aufziehen und braucht ebenfalls Schutz und Absicherung durch eine Gemeinschaft. Dieses ist naturgemäß die eigene Verwandtschaft, der eigene Clan. Die Verbindung untereinander ist die gemeinsame Abstammung, die Blutlinie. Hierbei ist jedem bewusst, dass er seinen Anteil zum Überleben der Sippe beisteuern muss. Er übernimmt Aufgaben, in denen er besonders geschickt ist, die aber deswegen nicht wertvoller sind als andere. Arbeitsteilung ist einfach notwendig und keiner erhebt sich deshalb über den anderen oder beansprucht mehr als die anderen. Besonderen Schutz genießen natürlich die werdenden Mütter, da das Überleben der Sippe extrem von den Neugeborenen abhängt und Schwangere und Babys besonders versorgt werden müssen, wenn sie überleben sollen. Ganz natürlich ist es auch, dass mit der Geschlechtsreife sexuelle Bedürfnisse gestillt werden wollen. Hier spielen nicht Status und besondere Regeln eine Rolle, sondern ausschließlich die nun sprießenden Hormone und eine Frau entscheidet sich je nach Vorlieben für einen Sexualpartner. Nach der Geburt des Kindes gehört aber ihre volle Aufmerksamkeit dem Neugeborenen. Männern obliegt dann der Schutz und die Versorgung der gerade Geschwächten ihrer

Gemeinschaft. Zwischen Sexualakt und dem Großziehen eines Kindes werden aber keine Verbindungen hergestellt, die dem Mann, der eventuell den Samen dafür geliefert hat, besondere Bedeutung zukommen ließe. Beim nächsten Mal wählt die Frau vielleicht einen anderen oder sie schläft mit mehreren. Nicht die Vaterschaft spielt eine Rolle, sondern der Schutz der gesamten Sippe. Dass die Frau als Lebensspenderin sehr hohes Ansehen genießt, ist natürlich. Und dass die Kinder einer Frau sich ihr besonders verbunden fühlen ebenfalls. Deswegen wachsen sie nicht ohne Männer auf. Brüder, Cousins, Onkel und Neffen sind gleichberechtigte Mitglieder der Sippe mit wichtigen Aufgaben, die an die Nachkommen weitergegeben werden müssen.

Aber das Schönste im Leben bleibt doch die romantische Liebe, der ungebundene Sex mit dem Angebeteten und dieses wird in keinster Weise reglementiert. Jeder entscheidet frei, wann und mit wem er Sex haben möchte. Und naturgemäß ändern sich auch hier die Vorlieben im Laufe eines Lebens wie eben Essgewohnheiten.
Die monogame Ehe auf Lebenszeit ist also ein unnatürliches Konstrukt, das vor allem zur Unterdrückung der Frau dient, die ihre Sexualpartner nicht mehr wählen darf.

In diesen ursprünglichen Gesellschaften und Völkern sind es dann auch die Männer, die sich besonders herausputzen, um bei den Angebeteten zu landen, denn letztendlich entscheidet das Weibchen wie überall in der Natur, wen sie an sich heran lässt. Und die Rituale der Werbung sind wichtiger Bestandteil dieser Gemeinschaften. Die Männer wählen, die Frauen entscheiden. Und Männer wählen natürlich nicht nach Sittsamkeit oder Status der Frauen, sondern ebenfalls nach ihrer Schönheit, aber besonders nach ihrem Hintern und ihren Brüsten, was für eine Gewährleistung für eine gesunde Schwangerschaft und Kinder spricht.

Magere Frauen mit kleinen Brüsten haben es da schwer, einen abzubekommen.

Dass Männer in der westlichen Zivilisation heute besonders auf superschlanke Körper, die eher einen kindlichen Eindruck machen, stehen, muss ebenfalls einem pervertierten und kranken Frauenbild zugeordnet werden oder ist einfach schlicht die Angst der Männer vor starken gleichberechtigten Frauen. Sie bevorzugen eben die Hilfsbedürftigen und Schwachen, mit denen sie letztendlich machen können, was sie wollen.

Die Natur hat sich das eigentlich ganz anders gedacht:

Brauchen die Männer Sex, so zeigen sie stolz ihren gesunden und starken Körper der Damenwelt. Braucht die Frau Sex, so zeigt auch sie ihre Brüste und ihren Hintern, also dass sie gute Gene hat. Entscheidend sind aber letztendlich nicht die äußerliche zur Schau gestellte Gesundheit und Kraft, sondern die Hormone, die genau das garantieren. Dafür muss sie den Mann allerdings sehr nah an sich heranlassen, denn nur über Geruch weiß die Frau oder ihre Hormone ganz genau, wer der Richtige ist. Der Schönste muss nicht der Richtige sein und so riecht sie sich durch die Männerwelt durch. Dafür hat man das Tanzen erfunden. Stimmen dann endlich die Hormone, geht auch gleich die Post ab, denn der Körper reagiert sofort mit Dopaminausschuss und zwar so viel, dass die Frau nur noch eines will.

Der Zustand des Verliebtseins ist ein Zustand unter extremen Drogeneinfluss, dem Mann und Frau sich kaum entziehen können und bei völligem Realitätsverlust nur noch an Sex denken und die gegenseitige körperliche Nähe zur Sucht wird. Das Gehirn wird gnadenlos überflutet mit den Glückshormonen Dopamin und Serotonin und zwar über Jahre, genau genommen 3 Jahre, nämlich solange bis das aus diesem ekstatischen Zustand entstandene kleine neugeborene Menschenkind einigermaßen allein auf den Füßen stehen kann. Solange brauchen Mutter und Kind die Unterstützung des Mannes und der kann gar nicht anders, so abhängig ist er durch die Droge von seiner Frau. Danach allerdings wird es langsam gefühlskalt, wenn nicht das Bindungshormon Oxytocin weiter ausgeschüttet wird, was der jungen Familie ein Gefühl von Geborgenheit und Vertrautheit vermittelt. Aber ohne Dopamin kommt eben oft die bittere Realität zum Vorschein: ihr Hintern ist doch nicht so prall und außerdem ist sie eine blöde Zicke. Und warum sie sich jemals in diesen Mann verlieben konnte, versteht sie beim besten Willen nicht mehr? Man zieht wegen Kinder und alter Gewohnheiten das noch eine Weile durch, aber spätestens im verflixten 7 Jahr weiß man nicht mehr, warum man noch zusammen ist. Nur die ganz Harten bleiben bei der Stange oder die mit hoher Oxytocinproduktion.
Eigentlich wird es aber Zeit, sich neu zu verlieben, also einen neuen Dopamin-Lieferanten zu suchen. Das heißt, Mann und Frau orientieren sich neu bei ihren Sexualpartnern, was den Genpool gesund erweitert. So hat es die Natur vorgesehen und die hat sich was dabei

gedacht! Zum Riechen geht Mann und Frau dann wieder auf das Tanzfest, in die Diskothek oder zum Schützenfest. Für die echte Liebe sollte man allerdings das Parfüm weglassen.

Die christliche Kultur kann nicht glücklich machen

Dass die christliche Kultur auch heute noch dem Menschen eher schadet als nützt, ist eigentlich unübersehbar, wird aber bis heute nicht offen ausgesprochen. Und noch im 19. Jahrhundert fürchteten Menschen, die die Kirche und das Christentum nur hinterfragten, wütende Reaktionen und mussten sogar um ihr Leben bangen. Heute nimmt man Rücksicht auf Gläubige und möchte sie nicht verletzen. Die Kirche besitzt nach wie vor erstaunliche Privilegien im sonst so rechtsstaatlichen Westen. Man wagt es einfach immer noch nicht, Missstände und Unrecht beim Namen zu nennen, wenn davor das Christenzeichen steht.

Und letztendlich kommen wir ja so schnell aus dieser Falle nicht heraus. Eine Kultur wächst nur sehr langsam und kann dann nicht einfach gegen eine neue ausgetauscht werden. Nur Aufklärung und Bewusstsein der Missstände kann langsam Veränderung bringen, die aber über Generationen sich hinziehen muss, wenn sie denn Stabilität bringen soll und nicht nur blinden Umsturz wie es der Kommunismus versucht hat und dabei zutiefst unmenschlich wurde.

Kulturen und Religionen lassen sich nicht einfach auf dem Reißbrett verändern oder sogar abschaffen. Sie

138

brauchen viel Zeit für die natürliche Akzeptanz bei den Menschen. Und Veränderungen müssen dem Zeitgeist entsprechen und den neuen Bedürfnissen der Menschen. Man kann Menschen eben nicht einfach formen und mit neuen Ideen vollpumpen. Was man tun könnte, ist die Lebensumstände so zu verbessern, dass Menschen sich darin wohler fühlen und die Veränderungen tatsächlich als etwas Besseres erfahren. Schaffen wir zum Beispiel einfach die Ehe ab. Trotzdem werden Menschen noch Jahrzehnte in dieser Form der Gemeinschaft leben, aber nicht, weil Staat oder Kirche es mit ihren Regeln und Gesetzen so vorgibt. Wir möchten nicht allein sein, also teilen wir, nicht nur das Bett, sondern alles. Das können wir auch mit anderen Menschen tun und nicht nur mit dem Ehepartner und den daraus entstandenen Kindern. Es eröffnet die Möglichkeit, andere Gemeinschaften zu gründen, mit Kindern, Alten, Freunden.

Bei den Mosuo-Gemeinschaften werden sogar Kinder weitergegeben an andere Mütter, wenn es diesen an Zuwachs mangelt, wohl wissend, dass diese dort die gleiche Liebe und Geborgenheit erfahren. Es zählt nicht der Besitz oder das Eigentum, und man hat auch kein Eigentumsrecht an den Kindern, sondern die Anforderungen und Bedürfnisse einer Gemeinschaft. Was jeder einzelne einbringt in die Gemeinschaft, ist nicht aufrechenbar. Jeder gibt, was er hat und teilt es. Voraussetzungen für das Funktionieren solch einer Gemeinschaft ist der Respekt vor den Bedürfnissen jedes einzelnen.

Basis jeder Gesellschaft ist der Respekt

Überhaupt spielt der respektvolle Umgang untereinander die entscheidende Rolle in diesen Gesellschaften. Verpönt sind Tratschereien. Wer schlecht über andere redet, verliert sein Gesicht, wird gerügt. Nicht das, was jemand besitzt oder erarbeitet, hebt ihn in der Achtung seiner Sippe, sondern sein verantwortliches Benehmen und seine Fürsorge den anderen gegenüber. Geradezu eine Verfehlung ist es, wenn jemand einen anderen schlecht dastehen lässt oder sogar ausgrenzt. Der Verhaltenskodex gebietet, dass man stets das Gute in jedem sieht und jede Art der Demütigung vermeidet. Auf diese Weise können auch existentielle Auseinandersetzungen in Ruhe gelöst werden. Das benötigt natürlich auch jede Menge Geduld. Anbahnende Konflikte können zwar nicht eskalieren, aber sie brauchen auch eine lange Zeit, um als solche benannt zu werden, da man nun mal nicht schlecht über etwas redet. Missstände werden also nur sehr langsam aufgehoben, was ein absoluter Fortschrittsbremser ist. Oberste Priorität ist der Zusammenhalt der Gemeinschaft, auch wenn der Schweinestall dann dreckig bleibt. Dieses setzt eine große Toleranz und Akzeptanz menschlicher Eigenheiten voraus. Der Zusammenhalt der Sippe darf nie in Frage gestellt werden, dafür duldet man einige Entgleisungen, aber niemals schlechtes Benehmen oder Respektlosigkeit. Ist jemand faul und dreckig, so sieht man mit Geduld darüber hinweg. Aber wird er gegenüber anderen frech, so muss er streng zur Ordnung gerufen werden oder im schlimmsten Fall die Sippe verlassen.

Respektloser Umgang bedroht die Existenz jeder Gemeinschaft. Da dieses aber die verinnerlichten Grundregeln in diesen Gesellschaften sind, wagt es keiner, sich daneben zu benehmen oder laut zu werden, selbst dann nicht, wenn er außerhalb der Sippe von Fremden gedemütigt wird, wie das in Kontakt mit westlichem Tourismus oft zu beobachten ist.

Die christlich-westliche Kultur ist respektlos

Solch ein auf Harmonie, Vertrauen und Respekt ausgerichteter Verhaltenskodex steht im Gegensatz zur westlichen Gesellschaft, die auf Leistung, Konfrontation, Konflikt und Misstrauen eingeschworen ist. Konflikte beflügeln den einzelnen, noch mehr zu leisten. Und darum geht es. In der westlichen Welt scheinen wir wie im ewigen Krieg nach Veränderung und nach Mehr zu streben. Wollen wir mehr, so müssen wir dafür kämpfen. Selbst im Zustand der Entspannung, wie das in der schönsten Zeit des Jahres, dem Urlaub, sein sollte, meinen wir ständig uns wehren zu müssen und begegnen Menschen mit tief verwurzeltem Misstrauen.

Immer auf der Hut, bemerken wir nicht, wie unsere Umgangsformen dabei immer mehr verrohen.

In den Urlaubsregionen der nicht-westlichen Welt ist man oft geschockt über das schlechte Benehmen der westlichen Besucher. Die Höflichkeit der Einheimischen wird dagegen von den westlichen Touristen als Schwäche ausgelegt, welches nicht nur keine Achtung verdient, sondern sogar geradezu dazu auffordert, sich diese nutzbar zu machen. Im Kosten-Leistungsprinzip ist eine vermeintlich schwache Persönlichkeit geradezu ein Schnäppchen für den Stärkeren. Würde er diese nicht für sich gewinnbringend benutzen, wäre er ein Idiot.

Der Verhaltenskodex der Einheimischen jedoch verbietet es ihnen, den Fremden bei Regelverletzungen Paroli zu bieten. Sie lächeln noch bei den schlimmsten Demütigungen. Der im Nahkampf westlicher Zivilgesellschaft ausgebildete Tourist versteht das wiederum als Anbiederung an sie, nicht direkt an sie persönlich, sondern natürlich an ihr Geld, weil der westliche Mensch sich nun einmal darüber identifiziert. Und sie halten das höfliche Benehmen der Einheimischen sogar für mangelnden Stolz und Würde und deuten es als Unterwerfung.

Eine perverse Sichtweise, die zeigt, welchen Stellenwert Gemeinschaftssinn in der westlichen Welt hat, nämlich keinen. Ziel aller Bestrebungen ist es, sich permanent gegenüber anderen einen Vorteil zu verschaffen.

Konfliktscheue Menschen im Westen erreichen nichts und sind nicht geachtet. Erfolgreich ist, wer den Konflikt sucht, andere niedermacht und Besitz anhäuft, den er zeigen kann. Wer pöbelnd in einem teuren Auto sitzt, erfährt in der westlichen Zivilisation mehr Respekt als schüchterne Habenichtse, da er nicht nur Geld zu haben scheint, sondern auch konfliktfreudig ist und sich solch ein Benehmen offensichtlich leisten kann, ohne Gegenwehr zu erwarten, ein anerkannter Krieger – das macht Eindruck!

Es ist ein gutes Gefühl zu gewinnen, leider aber nur in dem Moment in dem man gewinnt, danach kommt die Leere und Einsamkeit und die Sucht, wieder gewinnen zu müssen. Oder zumindest versucht man so zu tun, als wäre man ein Gewinner, in dem man Dinge besitzt und zeigt, die andere nicht haben und andere so behandelt, als wäre man etwas Besseres und hätte es geschafft.

Das ist der Motor westlichen Fortschritts.

Wer nun zu den Verlierern gehört, lernt schnell. Auch wenn er nichts besitzt, so kann er durch Arroganz und Respektlosigkeit seiner Umwelt zu mindestens signalisieren, dass auch er sich wie ein Krieger zu verhalten versteht. Höflicher und zurückhaltender Umgang mit anderen ohne etwas zu besitzen würde ihn wie einen Volltrottel aussehen lassen. Dass in einsamen Stunden dann einen die totale Traurigkeit überfällt, ist logisch.

In keiner Zivilisation ist Depression so verbreitet wie in der westlichen. Und nirgendwo sind Jugendliche, die sich in dieser feindlichen Welt zurechtfinden müssen, so verzweifelt.

Man weiß von asiatischen Männern, die durch den ständigen Kontakt mit westlichen Gepflogenheiten im Tourismus oft selbst zu rücksichtslosen Egoisten werden und in ihrer eigenen Familie nicht mehr integrierbar sind, keine einheimische Frau will sie mehr heiraten. Sie heiraten dann westliche Frauen und im Westen geht man davon aus, dass sie das natürlich wegen des verlockenden Wohlstands im Westen tun. Tatsache ist, dass ihnen oft gar nichts anderes übrig bleibt, weil sie in der eigenen Gesellschaft durch ihr schlechtes Benehmen geächtet werden, da können sie durch den Tourismus noch so reich geworden sein.

Sesshaftigkeit erzieht zu Abgrenzung und Misstrauen
Nomadentum zu Neugierde und Selbstvertrauen

In islamischen Kulturen scheinen Frauen selbstbewusster zu sein als in der westlichen. Das mag erst einmal verwundern. Der Islam ist ein Ableger des Juden- und Christentums, mit dem Unterschied, dass dieser restriktive Glaube hier auf Nomaden und nicht auf Sesshafte traf. Das Nomadentum unterliegt aber ganz anderen alltäglichen Anforderungen: Das Land, durch das die Nomaden ziehen, gehört nicht ihnen und sie müssen es mit anderen teilen. Ihren eigenen Besitz müssen sie mit sich tragen können. Das heißt, Besitztum kann nicht ausufern und ist in erster Linie dem täglichen Bedarf geschuldet. Man kann sich nur wenig Schnickes gönnen, da das alles mitgeschleppt, auf- und abgebaut werden muss. Der Besitz der Nomaden ist pragmatisch, Statussymbol ist die Größe der Herde. Werden Nomaden sesshaft, so ist ihr Begriff von Eigentum ein ganz anderer als der der Bauern. Man schafft an, wie die Bauern auch, aber man hängt nicht mit dem Herzen daran.

Nicht Besitztum ist existentiell, sondern der Kontakt nach draußen zu den Menschen, mit denen sie das Land teilen. Wenn Nomaden durch fremde Gebiete ziehen, sind sie auf das Wohlwollen anderer angewiesen. Ihr Verhaltenskodex ist bestimmt durch den nötigen Außenkontakt, den Informationsaustausch und den respektvollen Umgang mit anderen, um den Frieden zu wahren. Daher kommt die viel gerühmte orientalische Gastfreundschaft. Nomaden dürfen vor Fremden keine Angst haben, sie brauchen sie. Besitztum hat keinen Selbstzweck, sondern ist Tauschobjekt im Dienste der Vertrauensbildung zu anderen Menschen, man verschenkt also ordentlich. Die Großzügigkeit von

Orientalen, die Fremden auftischen, bis für sie selbst kaum noch etwas übrigbleibt, hat auch diesen Zweck der Bindung und Schaffung von Verbindlichkeiten. Selbstverständlich muss der so Bewirtete oder mit Geschenken Überhäufte sich irgendwann einmal erkenntlich zeigen. Schulden sind eben Ehrensache und verpflichten.

Nomaden sind also insgesamt neugieriger auf Menschen, hängen weniger am Besitz und sind stets bemüht, neue Bekanntschaften zu machen. Sie können keinen Zaun um sich herum ziehen und jeden Fremden, der sich ihrem Besitz nähert verjagen. Deshalb sind verbindliche Beziehungen zu möglichst vielen Menschen um sie herum von allerhöchstem Wert und die einzige Garantie für Sicherheit, Frieden und auch Wohlstand. Deshalb investieren Orientalen auch heute noch übermäßig viel Zeit in die Pflege von Familie, Nachbarschaft und Freundschaft und natürlich wird alles geteilt.

Und in diesem Geflecht von Beziehungen spielen Frauen eine herausragende Rolle.

Verlassen die Männer mit ihren Herden den Zeltplatz, müssen Frauen dazu in der Lage sein, jede Situation eigenständig und ohne Hilfe zu meistern.

Dadurch wird die Mutter zur unangefochtenen Herrin im Zelt, schaltet und waltet eigenständig. Die Männer müssen sich auf sie verlassen können, wenn sie nach Wochen ein intaktes Zuhause vorfinden wollen. Eine Frau zu demütigen, ihr zur erklären, dass sie unfähig und minderwertig wäre, wäre in diesem Fall extrem kontraproduktiv. Die Frau könnte, wochenlang der Kontrolle der Männer entzogen, einfach davonlaufen, Zelt, Kind und Kegel mit sich nehmen oder mühselig aufgebaute Verbindungen zerstören, indem sie Fremde schlecht bewirtet.

Bei den Tuareg in der Sahara ist die Frau nicht nur unangefochtene Herrin des Zeltes, sondern kann dem Mann sogar den Zutritt verweigern. Schmeißt sie ihm die Töpfe vor das Zelt, heißt das, dass er gehen kann.

Tatsächlich hat der Mann in orientalischen, also ehemals nomadischen Gesellschaften wesentlich mehr Respekt vor der Frau als der Bauer, der oft genug in seiner Frau nur die Magd sah, die ihm Tag und Nacht zur Verfügung und unter totaler Kontrolle stand.

Die Kinder der Nomaden wachsen zunächst bei der Mutter und den Frauen des Clans auf. Da sie keine Möglichkeiten zum Ausweichen haben, ist der Kontakt zur Mutter extrem dicht. Auch das Kind muss sich hundertprozentig auf die Mutter verlassen können. Das gibt ihnen Geborgenheit und Nestwärme und vermittelt Respekt für die Mutter und Frau. Die Bedeutung der Mutterrolle im Islam könnte schon vorpatriarchalisch genannt werden, derartige Achtung und Verehrung gilt ihr besonders im Alter.

Hat das Kind ein Alter von 5-6 Jahren erreicht, wird der Junge dem Vater zur weiteren Ausbildung übergeben und auch das Mädchen übernimmt größere Verantwortung am Zelt. Die Kinder verlassen also langsam das Nest, hüten die Tiere entfernt von Mama und Papa eigenständig und außerhalb ihrer Kontrolle. Das macht sie selbstbewusst und gibt ihnen ein Gefühl von Stärke und Freiheit.

Nicht ständige Kontrolle, Gehorsamkeit unter dumpfen Verhaltensregeln bestimmen das Leben von Nomaden, sondern Eigenverantwortung, selbständiges Handeln, Neugierde und Respekt im Umgang mit fremden Menschen und neuen Situationen, da man sich nie auf seine eigene Scholle zurückziehen kann. Die Sprache und Gesten der nomadischen Völker verfügen über unzählige Höflichkeitsformeln, die jeden Kontakt mit Fremden regeln und einleiten ohne etwas sagen zu müssen. Selbst Fremde werden kategorisch als erstes immer nach ihrem Befinden gefragt. So findet im Laufe des höflichen und sehr zeitaufwendigen Begrüßungsrituals jeder Zeit für vertrauensbildende Maßnahmen. Ein Weglassen dieser Höflichkeitsformeln wäre ein unerträglicher Affront und käme geradezu einer Kriegserklärung gleich. Die immer unter Zeitdruck stehenden Menschen der westlichen Kultur empfinden das orientalische Gehabe oft als vollkommene Zeitverschwendung. Der Acker ruft, was soll er denn mit den Fremden anfangen, die einem nur die Haare vom Kopf fressen.

Die tief verinnerlichten Werte und der daraus resultierende Verhaltenskodex im Umgang mit Menschen aus alten Nomadenzeiten sind bis heute bei den orientalischen Völkern vorhanden, mögen sie auch noch so islamisch oder sesshaft sein. Es sind übrigens die besten Voraussetzungen, um Handel zu treiben, was die Orientalen ja auch mit Vorliebe tun. Treffen nun Menschen nomadischer Abstammung auf Menschen bäuerlicher Abstammung wie das bei den momentanen Flüchtlingsströmen nach Europa der Fall ist, so sind endlose Missverständnisse vorprogrammiert. Die bäuerlichen Europäer fühlen ihre Scholle bedroht und der nomadische Immigrant versteht die Welt nicht mehr, wenn die Fremden noch nicht einmal die grundlegendsten Höflichkeitsregeln beherrschen. Menschen aus nomadischer Abstammung fühlen sich dann nicht nur abgelehnt, sondern geradezu bekämpft, was für sie eine enorme Stresssituation bedeutet, weil das entsprechend ihrem kollektiven Erfahrungsgedächtnis aus alten Zeiten einem Kriegszustand gleichkäme.

Eines der heutigen Ergebnisse dieser nomadischen inneren Haltung ist die Tatsache, dass Frauen, sofern man ihnen auch die gesetzlichen- und Bildungsmöglichkeiten gibt, sofort die Chefetagen erklimmen: 6% aller Frauen in Deutschland sind in den Chefetagen Topmanager. In der Türkei dagegen sind die Frauen schon zu 26% im Topmanagement vertreten... zum Beispiel.

Selbst der frauenfeindliche Islam konnte seinen nomadischen Frauen nur oberflächlich das Selbstbewusstsein entziehen. Religiös diskriminierende Regeln wurden also von islamisch-nomadischen Frauen nie so verinnerlicht wie vom Bauerntum des christlichen Abendlandes, und ihre soziale Basis ist nach wie vor das Leben zusammen mit anderen Frauen.

Empathie und Emotionen werden aberzogen

Was den Menschen im westlichen Kulturkreis durch den permanenten psychischen Kriegszustand auch abhanden gekommen ist, ist die Empathie. Es ist eben in einer Leistungsgesellschaft, in der man andere niedermacht oder selbst niedergemacht wird, ziemlich hinderlich, wenn man mitkriegt, was andere fühlen. Das könnte unerwünschte Emotionen hervorbringen: Cool sein ist die Devise! Auch kann man sich so besser den seltsamsten gesellschaftlichen Regeln unterwerfen, wie Markenterror und Konkurrenzdruck.

Man wundert sich als Gast in alten Kulturen am Rande der Welt immer wieder über die enorme Menschenkenntnis der Einheimischen, die einen auch ohne Sprachkenntnisse und trotz großer kultureller Unterschiede zu verstehen scheinen. Geht es hierbei doch um menschliche Ur-Instinkte: Kontaktaufnahme, Persönlichkeits-Check, Aktion. In Sekundenschnelle weiß normalerweise jeder Mensch, wen er vor sich hat und ist handlungsfähig bei Gefahr. Nur auf materiellen Schein und Besitz ausgerichtete Gesellschaften lassen sich von äußerer Erscheinung und verlautetem Status so beirren, dass sie nicht mehr auf ihre Instinkte hören: „Und was machen Sie so?", fragen wir, obwohl wir den Kerl schon jetzt nicht leiden können „Ich bin im Finanzwesen tätig, mein Haus, mein Auto, meine Frau, mein letzter Traumurlaub!" Das soll uns neidisch und eifersüchtig machen und das macht es auch. So beherrscht von unguten Gefühlen und dem dringendem Drang, den Konkurrenzkampf zu bestehen, fegen wir wesentlich wichtigere Instinkte, die uns über den wahren menschlichen Kern unseres Gegenübers informieren, lapidar beiseite.

Aber wir lassen uns aus ganz eigennützigen Gründen gerne belügen. Gute Charaktereigenschaften, Mitgefühl, soziale und emotionale Kompetenz sind nicht mehr die Fundamente einer Gesellschaft, sondern nur noch das Kosten-Leistungsprinzip: Es ist mir egal, ob er lügt oder hinter der Fassade ein schlechter Mensch steckt, Hauptsache er kann mir nützen!

Eine Studie hat herausgefunden, dass Freundschaften in Deutschland in erster Linie durch die Frage nach dem Profit für einen selbst bestimmt werden. Sich mit möglichst vielen dem gewünschten Status entsprechenden Mitmenschen zu umgeben, wertet auf, genau so wie ein teures Haus oder Auto, völlig egal, ob der Freund, das Haus, das Auto mit Betrug und Hinterlist erworben wurden oder im Innern verrottet sind. Man schmückt sich mit Menschen. Das gilt für den Ehepartner und die Freunde und sogar für die eigenen Kinder. Dass dann selbst die innigsten menschlichen Beziehungen zur Fassade verkümmern, ist klar. Dass Eltern keinen emotionalen Zugang zu ihren eigenen Kindern haben, Kinder lieber täglich 8 Stunden allein im Internet surfen als sich mit Freunden zu treffen, akut in Not geratende Menschen keinen dazu bewegen können, spontan Hilfe zu leisten, Menschen sich auf keine feste Bindung mehr einlassen können und Greise von ihren Angehörigen einfach vergessen werden, ist eine Folge dieser profitorientierten Gefühlswelt. Alle leiden, keiner will es wahrhaben und alle lügen sich etwas in die Tasche. Und weil es keiner zu merken scheint, lügt man kräftig weiter, obwohl jede Faser des Körpers einem selbst und jedem anderen das Gegenteil beweist bis zur totalen Verkrampfung. Es ist ein Teufelskreis. Gewinne ich nicht, dann bin ich ein Verlierer und ohne auf meine ureigensten Bedürfnisse zu achten, renne ich wie von Sinnen weiter im Hamsterrad. Ich verliere den Zugang zu mir selbst und die meisten Menschen werden dabei krank.

Der Mensch im Westen ist stolz auf seinen Wohlstand und den technischen Fortschritt. Er führt das auf seine hohe Bildung und Intelligenz zurück. Tatsächlich wird unser Leben und Überleben aber nur zu einem kleinen Bruchteil von dem uns so wichtig erscheinenden Präfrontalen Cortex bestimmt. Es gibt Tests, die beweisen, dass unser Unterbewusstsein selbst einfachste Entscheidungen, wie nach Rechts oder Links zu gehen, noch vor unserem sogenannten freien Willen im

Frontallappen beeinflusst oder sogar vorbestimmt. Wir werden also zum allergrößten Teil von der Amygdala im Gehirn dirigiert und die greift nicht nur auf uralte Erfahrungen aller Menschen zurück sondern auch auf Erfahrungen, die wir in unserem Leben selbst gemacht haben. Nicht unsere Intelligenz entscheidet, sondern in erster Linie unsere Konditionierung, die bekanntlich spätestens mit der Geburt beginnt. Wie wir aufwachsen und welche Erlebnisse wir abspeichern, bestimmt unser Handeln und auch, was wir wahrnehmen. Dass sich das Gehirn aber dahin entwickelt, wichtige Erfahrungen abzuspeichern setzt Emotionen voraus. Blanke Wissensvermittlung ohne Emotionen verändert das Gehirn nicht und lässt es verkümmern. Und Emotionen sind immer echt und wir können sie eigentlich auch nicht verheimlichen, denn die Amygdala ist direkt mit den unzähligen Muskeln unserer Mimik verbunden und die kann einem nichts vormachen.

Machen wir in unserem Leben öfters die Erfahrung, dass unsere Emotionen nicht nur nicht gewünscht sind, sondern den Regeln der Umwelt sogar zuwiderlaufen, lernen wir, um nicht aus der Gemeinschaft zu fallen, schnell, diese zu unterdrücken oder sogar auszuschalten und interpretieren sie als schlecht.
„Das ist jetzt aber sehr emotional!" – Ein Schimpfwort in der westlichen Gesellschaft. Der Mensch hat sich offenbar nicht mehr im Griff. Emotionen zu zeigen, ist verpönt. Emotionen sind eine Gefahr für alle Regeln, da sie, würde man sie zulassen, sich an diese nicht halten würden.
In einer Leistungsgesellschaft, die mehr Angst vor dem Versagen als Glücksgefühle kennt, reagiert das Gehirn entsprechend. Die Amygdala wird geprägt durch die

Konflikt beladenen Emotionen erlebter Erfahrungen. Und in zukünftigen Situationen reagiert unser Gehirn entsprechend dieser Konditionierung und empfindet sogar Glück, Geborgenheit, Zuneigung und Liebe nicht mehr als angenehm oder reagiert sogar mit Ablehnung. Unser Gehirn hat abgespeichert, dass diese Gefühle uns aus der Bahn werfen können und gesellschaftlich keine Akzeptanz finden, sie machen uns geradezu Angst. Und diese Angst ist dann Angst vor menschlicher Nähe, die Emotionen hervorrufen könnte.

So können sie schließlich auch zu Menschen keinen Kontakt finden, deren emotionale Signale vollkommen eindeutig sind. Das heißt Emotionen, Gestik, Mimik und Gesprochenes passen zusammen. Da Emotionen, Gestik und Mimik in der westlichen Zivilisation den gesprochenen Worten aber eher Lügen strafen, und wir immer dem gesprochenen Wort größere Bedeutung beimessen, können wir körperliche Signale gar nicht mehr einordnen und verstehen einfach nur Bahnhof, obwohl die Körpersprache von Natur aus die einzige klar verständliche Sprache der Welt ist und jedermann sie beherrschen sollte.

Menschen außerhalb der westlichen Zivilisation, groß geworden in sozialen Strukturen, in denen sie als Subjekt akzeptiert werden und nicht als Objekt ständig kritischer Bewertung ausgesetzt sind, sind angesichts dieses Handicaps und der Unfähigkeit zu echten Emotionen und diese zu verstehen oft erschüttert, wenn sie mit Touristen in Kontakt kommen. Die Selbstinszenierungen westlich geprägter Menschen wirken auf sie eher belustigend. Wenn Körpersprache und Mimik etwas ganz anderes erzählen, als man vorzumachen versucht, macht das eben auf Menschen, die sich mehr auf Körpersprache als auf noch so gebildete Wortwahl verlassen, einen völlig entgegengesetzten Eindruck. Sie schämen sich für den, der glaubt, sich inszenieren zu können und dabei nicht merkt, dass er entlarvt wurde. In der Regel hat man mit solchen Menschen eher Mitleid. Übrigens reagieren auch Kinder auf Inszenierungen ganz natürlich mit verhaltenem Gekicher: es ist lustig aber für den anderen beschämend, deswegen halten sie dann lieber die Hände vor dem Mund, wenn sie lachen.

Im Westen dagegen gehört die Selbstinszenierung zum anerkannten gesellschaftlichen Miteinander. Wer nicht auf den Busch klopft, ist nicht normal, jeder versucht jedem etwas vorzumachen. Wer das nicht tut, unterwirft sich offensichtlich nicht den Regeln des täglichen Kampfes um Vorteile und muss ein Spinner sein.

Für den so mit verhaltenem Gekicher entlassenen Touristen bleiben die Einheimischen nichtssagende Statisten in einem Disneypark, interessant zu begucken, aber mehr nicht, so wie die ganze Welt eher eine Soap für sie ist. Sie gehen dann lieber shoppen und besuchen das Folkloreprogramm. Da wird ihr Gehirn belohnt ohne menschliche Nähe oder Emotionen wagen zu müssen, die ihre eigenen gesellschaftliche Regeln der Coolheit verletzten oder ihre gut einstudierte Inszenierung gefährden könnten. Eine Chance, einmal unbeschadet die Sau rauslassen zu können, bieten sich dann bei Fußballspielen, auf Konzerten oder im Karneval, wo unterdrückte Emotionen endlich eine gesellschaftsfähige Entladung erfahren dürfen, mit allen Nebenwirkungen.

Dass das alles nicht glücklich macht, man es kaum aushält, hat dann seine Resonanz in der Pharmaindustrie.

Es ist auch heute noch sehr einfach, Menschen zu manipulieren, die unfähig sind, auf ihre Emotionen zu hören und deren Instinkte von unnatürlichen Regeln und verkorksten Lebenserfahrungen außer Kraft gesetzt sind. Zurzeit genießt die westliche Welt die Demokratie und die Rechtstaatlichkeit, nachdem zwei Weltkriege sie an den Abgrund gebracht haben. Kluge Menschen bauten uns ein Sicherheitsnetz, mit dem wir heute gut leben könnten. Aber wie lange noch, wenn Demagogen immer noch leichtes Spiel mit haltlosen, unglücklichen und verängstigten Menschen haben.

Die schmerzliche Erfahrung der Ausgrenzung, Ablehnung und Anfeindung ist in der Leistungs-gesellschaft täglich Brot. Um nicht aus der noch so kaputten Gemeinschaft aussortiert zu werden, tut man dann alles, noch mehr leisten, noch mehr arbeiten, noch mehr Konsum und noch mehr Anpassung. Das belohnt die Gesellschaft und das von klein auf getrimmte Gehirn, aber leider nur kurzfristig und nicht nachhaltig. Den Preis, den wir dafür zahlen, erkennen wir nicht und suchen dann nach Lösungen und Auswegen, die gerade angeboten werden.

Ein Trennungserlebnis dagegen aktiviert dieselben Schmerzregionen im Gehirn wie ein Messerstich. Ausgrenzung tut furchtbar weh und kann dauerhaft zu schweren Krankheiten und sogar zum Tode führen. Und da wir durch antrainiertes Misstrauen uns unserer Mitmenschen nie sicher sein können, leben wir im permanenten Stresszustand. In unserer Not gehorchen wir allen Regeln und biedern uns an bis zur eigenen

154

Unkenntlichkeit…..bis uns eines Tages der Kragen platzt und wir mit Hurra wieder massakrieren können.

Regeln, die über Jahrhunderte den Christenmenschen gegen seine Natur drangsaliert und terrorisiert haben und der Wunsch nach Erfüllung ganz egoistischer Bedürfnisse, sozusagen nach persönlicher Erlösung, haben aus einem sozialen, emotionalen, mitfühlenden und frei handelnden Menschen ein Monster gemacht, der für eine Sache oder sich selbst auch über Leichen geht und dabei nichts mehr fühlt als einen Kick. Dummerweise verändern Erfahrungen nicht nur das Gehirn, sondern auch unsere Gene. So können wir heute nicht mehr sagen, wie Menschen vor über 2000 Jahren gefühlt, instinktiv gehandelt und auf bestimmte Situationen reagiert haben.

Meine Vermutung ist: Sozialer und menschlicher!

Suchen wir nach Kulturen, die von den „Errungenschaften" der christlichen Kultur verschont geblieben sind und lernen wir von ihnen, und deren starken und erfahrenen Frauen..

„Kybele", Keramik-Skulptur von Susanne Schnittker